JN004125

新版

安全な介護

ポジティブ・リスクマネジメント

（株）安全な介護
山田 滋
YAMADA Shigeru

生活とリハビリ研究所
下山名月
SHIMOYAMA Natsuki

Bricolage

まえがき

お年寄りだけでなく、職員も守る事故防止活動

「防ぐべき事故と防げない事故を区別して、防ぐべき事故に防止対策を講じてください」と、私はセミナーで申し上げています。では、防ぐべき事故とはどんな事故でしょうか？　私たちは、法的な防止義務を明らかにしたり、転倒防止の実証実験を行うなどして、「防ぐべき事故」を明確にすることに努めてきました。しかし、いまだに介護現場では防げない事故を防げると思い込んで、ムダな労力を費やしています。防げない事故を防ぐべき事故と勘違いする思い込みには根深いものがあり、介護現場の事故防止活動の大きな障害になっているのです。

たとえば、転倒事故の防止対策を考えてみましょう。私たちは、2019年3月に転倒防止の実証実験を行いました。職員が歩行介助をしている時と至近距離で見守りをしている時の転倒場面で、どれくらいの確率で転倒を防げるのか実験したのです。どちらも、20％程度しか防ぐことができませんでした。つまり、これらの転倒事故は「もともと防げない事故だった」のです。

なぜこれらの転倒を施設の過失であると考えるようになったのでしょうか？おそらく施設経営者が「近くに職員がいれば転倒は防げるだろう」と安易に思い込んだことが原因なのでしょう。「ふらついた時に、身体のどこをどのように支えれば転倒を防げるのか」という転倒防止技術の検証でもしていたら、転倒の防止が技術的に難しいことはわかったはずなのですが、防げない事故を防げる事故だと勘違いした施設経営者が、防ぐべき事故を増やして施設側の事故防止の義務を大きくしてしまったのだと私は考えています。

さらに、「近くに職員がいながら転倒させてしまいました」と謝罪するから、家族も見守りの強化を要求しますし、弁護士も裁判所も職員が近くにいての転倒は過失だと思い込んでしまったのです。

センサーマットについて考えてみましょう。歩行が自立している入居者が居室で転倒するのを介護職員は防ぐことができません。これは、防げなくて当然の事故で、だから防止する法的義務もありません。ところが、「居室で立ち上がったことをセンサーで職員に知らせれば転倒を防げる」と勘違いしたメーカーが、

センサーマットを開発し施設経営者への売り込みに成功しました。こうして、防止義務のない居室での転倒防止のために、効果はほとんどない機器にムダな費用かけ、コールに振り回されて職員が疲弊しています。ここでも、施設経営者は自ら防ぐべき事故を増やして自分たちの首を絞めたのです。

排泄介助中にセンサーコールが鳴りました。職員が利用者を離れコールに対応したために、利用者が床に転落してしまいました。家族は介助中に利用者のそばを離れた職員を強く責めましたが、職員はセンサーコールを優先すべきだと主張しました。他の職員もこの職員の間違いに気付きませんでした。しかし、介助中の利用者に対する事故防止義務は職員の最も大きな義務です。一方、居室での転倒事故には防止義務がないのですから、排泄介助を優先してセンサーコールを無視するのが当然なのです。私たちはショートステイの利用者の家族に、センサーマットの事故防止効果が低いことをていねいに説明しています。きちんと理解してくれる家族もいますが、入所施設で一度付けたセンサーを外す家族はまだまだ少ないので、当分の間職員はセンサーコールに振り回され、利用者一人ひとりに顔を向けて個別ケアに取り組む余裕は生まれそうにもありません。新しい正しい事故防止活動に切り替えたくても、これを阻む施設経営者が作った負の遺産は決して小さくないのです。

正しい事故防止活動は、利用者を守るために必要ですが、職員を守るためでもあります。本書で述べている事故防止活動の手法は、全て現場の介護職員と何度も話し合い、迷いながら悩み工夫してきた方法ですから、現場の職員の納得が得られる方法です。

本書を読んで理解してくれた読者がすぐに現場で実践し、他の職場にも少しずつ広めてくださることを切に願っています。

2019 年 10 月

著者を代表して

山田　滋

第１部　現場発のリスクマネジメント

山田　滋

第２部　安全で安心な介護技術

下山　名月

第1部

現場発の
リスクマネジメント

1 介護の事故防止活動の基礎知識

「一生懸命事故防止活動に取り組んでいるが事故が減らない」という声を介護現場ではよく耳にします。職員はヒヤリハットシートをたくさん書いて提出し、事故防止委員会を開いて事故やヒヤリハットの集計をしているのに、成果が上がらないのです。では、なぜ事故防止活動に一生懸命取り組んでも、ちっとも成果に結びつかないのでしょうか？

その答えは「事故防止活動の進め方が間違っているから」です。間違った方法でいくら一生懸命取り組んでも成果に結びつきません。では、事故防止活動の進め方の何が間違っているのでしょうか？　それは「介護の事故防止活動の基本」が定着しないまま、防止活動を進めていることです。たとえば､認知症利用者の誤えん事故をどのようにして防いだらよいか」などという事故防止対策の各論を考える前に、事故防止活動の基本的な考え方を全職員に浸透させなければならないのです。

まず、あなたの施設の事故防止活動の成果が上がらない原因をチェックしてみましょう。

「介護の事故防止活動の基本」チェック表

□ **介護事故を起こすと職員の注意力や意識の低さが問題となる**

➡個々の職員の注意力など職員の努力だけで介護事故を防ごうとしていないか？

□ **転倒など防ぐことが難しい事故で悩んでいる**

➡防ぐべき事故が明確になっていないので全ての事故を防ごうとしているのではないか？

□ **大きな事故を起こすと厳しく責任を問われる**

➡事故を損害の大きさだけで評価していないか？

□ **介護のプロなのだから事故は職員の手で防がなくてはならない**

➡家族と一緒に取り組もうとしないので理解が得られずトラブルが多くなっているのではないか？

□ **事故防止と身体拘束廃止のどちらを優先すべきかいつも迷う**

➡事故防止のために介護の質を犠牲にしてもよいか？

□ **ヒヤリハット活動に取り組んでいるのに事故が減らない**

➡事故防止の基本活動を怠っているので取り組みの効果が上がらないのではないか？

この節では、介護の事故防止活動が成果に結びつくための基本的な考え方を説明します。介護の事故防止活動のコツと考えるとよいでしょう。

1－1　事故防止活動のやり方を見直そう

今多くの施設や事業所が事故防止活動の方法を見直しています。介護現場が取り組んできた事故防止活動の方法は間違っていて、成果が上がらないとわかったからです。では、どのような点が間違っていたのでしょうか。従来の事故防止活動では「事故は職員のミスが原因で起こる」と考えていたので、「職員がミスをしないように管理する」と考えていました。「もっと慎重に」「もっと注意深く」と言い、職員の注意力を高めればミスが減って事故も減ると考えていたのです。

しかし、人がミスをするのは注意力が足りないからではありません。多くのミスは「人にミスを犯させる原因」によって引き起こされているのです。つまり、人のミスを誘発するこれらの原因を放置したまま「慎重に」「注意深く」と言っても、それはただの掛け声だけですから事故は減らなかったのです。

この事実を基に、新しい事故防止活動の考え方が生まれました。従来とは180度発想を転換して、「人は誰でも必ずミスをする」を前提に事故防止に取り組もうという考え方です。この新しい事故防止の考え方のポイントは2つあります。

① 職員のミスにも原因がある

たとえば、移乗介助中に職員が利用者を転倒させる事故が起きたとします。当事者である職員は、判で押したように「私の不注意が事故の原因です。今後はもっと注意深く移乗介助を行います」と、潔く事故報告書に記載します。しかし、何が原因で移乗介助のミスが発生したのかを考えないので、ミスの原因は放置されたままになり、他の職員も同じ原因で同じミスを犯してしまうのです。

たとえば、古い車椅子を使っている施設があります。古い車椅子には「フットサポートが開く」「アームサポートが上がる」という便利な機能がありません。この2つの機能がないためにフットサポートに足が引っかかりますし、アームサポートにお尻がぶつかりますから、職員は無理矢理利用者の上半身を引っ張り上げることになります。無理をして介助をすれば事故の危険は高くなるのです。安全機能の低い古い車椅子を使っていたことが、移乗介助中の転倒事故の原因かもしれません。

② ミスを発見するチェックの仕組みを作る

事故を防ぐための典型的なチェックは誤薬事故の防止対策でしょう。配薬ミスをしないように「お薬袋の印字を読み上げて確認する」とか、利用者を取り違えないように「氏名を声に出して読み上げる」などの対策をよく耳にします。このようなミスの発生を防ぐ対策も重要なのですが、もっと重要なのは配薬ミスや利用者の取り違いミスが起きた時に、ミスを発見するチェックの仕組みを作ることなのです。

具体的に言えば、服薬直前に職員が手に取った薬が本人の薬なのかという薬の照合と、目の前の利用者が本人なのかという本人確認の仕組みに重点を置けばよいのです。私たちは、この服薬直前のチェックのために、「お薬確認シート」というチェックシートに薬と利用者の写真を載せています。同様にデイサービスでは、居宅からお持ちいただくお薬袋を作り、薬の写真と本人の写真を入れて服薬直前に照合できるようにしています。

新しい事故防止活動の考え方は、個々の職員の努力に頼るのではなく、「組織で事故防止に取り組み、仕組みによって事故を防ぐ」という考え方です。職員が取り組みやすく成果が上がりやすい取り組みですので、是非この考え方を取り入れてください。

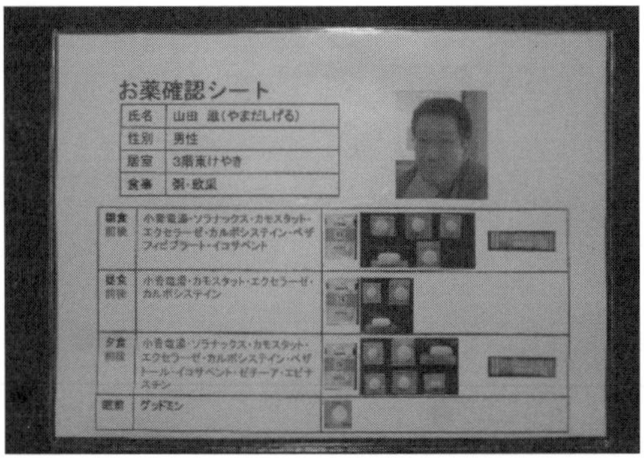

薬袋に薬と利用者の写真を入れて服薬直前に照合する

1－2 防ぐべき事故を明確にして重点的に対策を講じる

「全ての事故は防げない」、これが介護の事故防止活動の大きな特徴です。他の業種であれば、完璧な事故防止活動をやることで、事故がゼロになるかもしれません。しかし、介護の仕事は、完璧な事故防止活動をやっても事故はゼロになりません。なぜなら、介護という仕事は人の生活を援助する仕事なので、人の生活に伴う避けられないリスクがたくさんあるからです。私は幸いなことに立って歩くことができますが、たまに転倒をします。みなさんも、嚥下機能の障害はないのに、誤えんしそうになることがあるでしょう。私たちはこの生活上のリスクを排除することはできません。誰だって立って歩けば転倒のリスクはあるのです。

つまり、介護の事故防止活動では、防ぐべき事故と防げない事故を区分して防ぐべき事故に重点的に対策を講じなくてはならないのです。ところが、介護現場の職員の多くが、防ぐべき事故と防げない事故の区分をしていません。全ての事故を防ごうとして、防げない事故に対してもムダな労力を割いてしまっています。たとえば、認知症の利用者が徘徊中に転倒するような事故でも、見守りを強化して防がなければいけない、と考えていませんか。認知症の利用者の徘徊中の転倒は、どんな対策を講じても防げない事故なのです。

まず、防ぐべき事故と防げない事故を明確に区分した上で、防ぐべき事故を１件も起こさないように綿密な対策を打っていく、というのが介護の事故防止活動の最重要ポイントです。では、この防ぐべき事故と防げない事故は、どのように区分したらよいのでしょうか。防ぐべき事故とは図１の「過誤」という事故です。では、過誤というのはどのような事故を指しているのでしょうか。施設や事業者に過失のある事故が「過誤」です。つまり、防ぐべき事故とは過失のある事故のことなのです。過失のある事故は過失のない事故と区分して、きちんと防げるように対策を講じなくてはなりません。

なぜ過失のある事故は優先して防がなくてはならないのでしょうか。理由は、過失のある事故は、「やるべきことをきちんとやれば防げる事故」だからです。逆に過失のない事故がどんな事故かを考えればもっと理解しやすいでしょう。過失のない事故は「やるべきことを

図１　防ぐべき事故と防げない事故

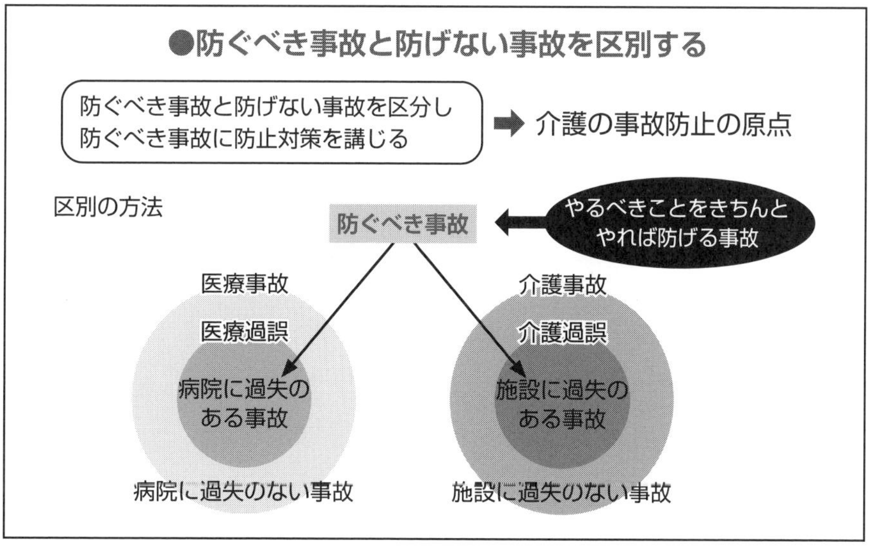

きちんとやっても防げない事故」ということになります。これらは防げなくても仕方のない事故なのです。

私は現場でいつも不思議だと感じることがあります。認知症の利用者が居室で転倒しても、過失にはなりません。重大事故につながって裁判になっても賠償責任は生じないでしょう。つまり、居室での転倒事故は法的に防ぐ義務のない事故なのです※。ところが、この防ぐ義務のない事故に対して、施設は多大な費用をかけてセンサーマットを導入しています。結果、職員が振り回されています。なぜでしょうか？

1－3　過失のある事故（防ぐべき事故）とはどんな事故か？

私たちは事故防止活動に一緒に取り組む現場の職員さんと、「過失のある事故とはどんな事故か」を理解するための勉強会を行っています。14 頁の「事故例で考える賠償責任」にもあるように、28 件の介護事故の例を使って過失になるのか否かを勉強します。２つの事故例を挙げますので、一緒に考えてみてください。

事例１

認知症のない利用者の車椅子を押して外出中、施設から携帯に電話がかかってきたため、車通りの少ない道で車椅子を止め、利用者に断わってストッパーをかけました。携帯で電話中、ほんの少し目を離した隙に、車椅子のブレーキを利用者本人が解除してしまったため、下り坂を車椅子が走り出し、利用者は転倒して大腿骨頚部を骨折してしまいました。

さて、この一見「利用者が自らのミスで起こしたように見える事故」は、施設の過失となるのでしょうか。施設は賠償責任を問われるのでしょうか。残念ながら、施設の過失になる可能性が高いと考えられます。介護のプロであれば利用者が自分でブレーキを外してしまうことを予測して、坂道の途中ではない（傾斜のない）安全な場所に車椅子を止める注意義務があるということになります。利用者は身体的精神的ハンディをもっていることが前提ですから、一見利用者自ら起こした事故に見えても、施設が危険の予測ができ、防止措置が可能であれば責任を問われるということがありますので、注意が必要です。

では、次の事例はどうでしょうか？

※居室での転倒であっても居室の設備などに不備があれば過失として賠償責任を問われることがあります。

事例 2

あるデイサービスの認知症のない利用者が、レクリエーションとして風船バレーを楽しんでいました。その日は特に気分が弾んでいたようで、ボールを無理に追いかけようとしてバランスを崩し、転倒して骨折してしまいました。

この事例は基本的には施設の過失にはなりません。ただし、次の２つのケースでは施設の過失になるかもしれません。

①最初からこの利用者の身体機能に対して、このレクリエーションが明らかに無理（危険）であるとわかっているのに参加を許可した場合

②レクリエーションを始めた時は無理（危険）ではなかったが、途中で身体機能が低下し、それ以上続けると危険だと気づいたのに中止させなかった場合

このような事例を通じて過失の有無を勉強すると、まず、過失の意味が明確に理解できます。「危険の予測ができるのに、その回避措置を怠って事故を起こすと、過失として賠償責任が問われる」と法律で決まっているのです。また、過失の意味がわかると同時に、事故防止活動に役立つ基準が頭に入ります。難しく言えば過失の認定基準ですが、これは「こういう事故を防止するためには最低限このくらいの防止対策をやっておいてください」という基準なのです。これを理解していると、事故防止活動を効率的に進めることができます。なぜなら、自分たちの事故防止活動とこの基準を比べてチェックすることができるからです。やるべき事故防止の水準もわからずに気合いだけで「事故ゼロを目指せ！」などと言っていることが、いかにバカらしいことかご理解いただけたと思います。

是非、28 件の事故例勉強会をやってみてください。

事故例で考える賠償責任

No	区分	事故事例	
1	**移乗**	ベッドから車椅子への移乗介助の際、利用者の足が車椅子のステップに引っかかり、座りが浅くなってしまった。深く座り直させようと思った時、突然車椅子が動いて利用者が滑り落ちた。骨盤にヒビが入って、入院することとなった。	
2	**排泄**	排泄のため自力でベッドからポータブルトイレに移動しようとして、転倒していた。通常であれば職員の見守りで排泄を行っていたが、職員に気を遣い、コールを押さなかったため、転倒した。オムツ交換時に発見されたが、骨折していた。	
3	**レクリエーション**	バス遠足にて食事後、入所者がトイレに行こうと立ち上がった。向かいには階段があり、その上から移動介助中の職員が手招きで合図をした。その入所者はすぐにそちらに向かって階段を上がったところで、バランスを失い転倒して骨折した。職員は手招きの意図でなく、そこに行くので待つように手振りをしたつもりであった。	
4	**車椅子移動**	利用者の車椅子を押して外出中、施設から携帯に電話がかかったため、車通りの少ない道で車椅子を止め、ストッパーをかけた。携帯で電話中ほんの少し目を離した隙に、車椅子のブレーキを利用者本人が解除してしまったため、下り坂を車椅子が走り出し転倒。大腿骨頚部を骨折した。	
5	**入浴**	入浴中、シャワーキャリーを利用し入浴させていたが、ストッパーを使用していたにもかかわらず、シャワーキャリーが他の利用者にふれて、バランスを崩して転倒し、利用者が骨折した。	
6	**入浴**	入浴時間がいつもより長くなったため、入浴の終了を促した。本人が大丈夫と言っていたので、そのまま入ってもらったが、湯あたりして、入浴後の着替えの時に急にめまいを起こし転倒、骨折した。	
7	**レクリエーション**	レクリエーションとしてビーチボール遊びを毎日楽しんでいた。その日は特に気分が弾んでいたようで、ボールを追いかけて勢いのあまり、ボールの上に乗ってしまい転倒、骨折した。	
8	**その他**	利用者に軽度の認知症あり。訪室時、覚醒していたためトイレへ誘導。その際、血液混入の唾液を発見。身体にふれると「痛い」と訴えたので受診すると、顔に打ち身、右肩脱臼であった。巡回時に、ベッドの上に立ち、非常灯のひもを取ろうとする行動がよく見られており、おそらくベッドで立ち上がり、転倒したものと思われる。	
9	**入浴**	入浴時、更衣台に側臥位に移乗後、利用者本人が右手で柵に手をかけていたため、大丈夫だと思い、次の入浴者を乗せる準備をしている数秒の間に、利用者が柵から手を離し、更衣台より転落。床で前頭部を打撲、裂傷する。	
10	**その他**	在宅酸素の機械が異常を示したため、職員に連絡するために、ナースコールに手を伸ばそうとして、ベッドから転落。右足を骨折した。	

■賠償責任判断と解説

【ご注意】実際の賠償責任の判断は、起こった事故事実に対して厳密に行われるものです。ここで扱っている事例は詳細な記述がないものもあり、賠償責任の有無を断定することはできません。あくまでも「視点（考え方）」を示したものです。

	賠償責任判断の視点
	車椅子のステップ（フットサポート）を跳ね上げないで移乗すると、利用者の足に引っかかることは容易に予測できる。また、利用者の足が引っかかった場合、車椅子のブレーキ（ストッパー）がかかっていても、車椅子は動いてしまう。明らかに安全配慮を欠いた行為であり、賠償責任が発生する。
	本来、ナースコールで介助を依頼すべきところ、自発的にポータブルトイレに移乗しようとしたもので、基本的には施設側に責任はないと思われる。しかし、以前に何度も同様のことが起きていて、施設側に危険の認識があったにもかかわらず、手を打っていなかったり、ナースコールを無視するようなことがたびたびあったりすると、責任が発生することもある。また、ナースコールを必ず鳴らすという本人の自発的な行動が、期待するだけの認識能力があるかどうか（認知症があるかどうか）も、判断を左右する。
	職員の手招きが、その利用者にとって誤解しやすい手招きであれば、利用者の危険な行為を誘発したことについて、責任が生じる。また、利用者が職員に向かって行った時、危険と判断し、他の職員を呼んだり、大声で制止するなどの対策ができた可能性が強いので、この部分でも責任が生じる。
	本人自ら車椅子のストッパーを解除してしまったという事実から、施設側に責任があるとは言えないが、車椅子を止める時は車椅子の不具合など、さまざまな可能性を考慮に入れ、安定のよい安全な場所に止める義務がある。明らかな安全配慮義務違反で責任がある。
	他の利用者との接触による危険が容易に予測できる状況（たとえば「無理をして多くの利用者を浴室に入れた」など）や、シャワーキャリーが転倒しやすい状況（シャワーキャリーの整備不良）があれば、責任が生じる。また、入浴介助中は不測の事態に備え、危険回避（シャワーキャリーの転倒を食い止める）行動が取れるよう、態勢を整えておく必要があり、これができていたかどうかも判断を左右する。
	いつもより入浴時間が延びたのであれば、湯あたりして転倒する危険を予測し、着替えの前に椅子に座り、休んでのぼせを取るなどの配慮が必要。安全配慮が足りず責任が生じる。また、本人が大丈夫と言っても、著しく入浴時間を延ばすことは、心不全や脳血管障害を誘発する危険もあり、その意味でも安全配慮に欠けるので、説得して打ち切るべき。
	この事故を予測することは不可能であり、施設側に責任はない。ただし、この利用者の身体機能から見て、明らかにこのレクリエーションが危険であると判断されるのに参加させた場合は、責任が生じる。また、競技中に本人の身体能力が急に落ちたり、振る舞いに異常が出るなど、明らかな危険が認められる場合に、競技を中止させるなど対策を打たなかった場合も同様である。
	けがの直接原因や事故状況が明らかになっていないので、賠償責任の有無は確定できない。しかし、非常灯のひもを取ろうとする行為が過去に何度もあり、危険の認識がありながら、安全対策をとらなかったのであれば責任が発生することも考えられる。
	更衣台の柵を握った利用者が手を離すことは予測すべきであり、明らかに安全配慮を欠いている。
	機械の異常と事故との間に直接因果関係はないので、ナースコールの位置などが、利用者にとって使いやすくなっているかが問題になる。著しく使いにくい位置（手を伸ばすことが危険）にあれば対策を打つべきであり、安全配慮義務違反となる。

No	区分	事故事例
11	**移乗**	ベッドから車椅子への移乗時、左側の手がベッド柵をしっかりつかんでいたことを知らず、勢いよく利用者の身体を移乗させたため、利用者の肩が脱臼した。
12	**車椅子移動**	重度認知症の利用者を車椅子で移動介助中、突然右手を車椅子の外側に出し、車輪に突っ込んだ。急ブレーキを掛けたが間に合わず、指が巻き込まれ骨折した。
13	**入浴**	全介助で身体に拘縮がある利用者の入浴介助中、着衣の段階でオムツをあてる際、硬直している足を伸ばそうとしたら骨折した。
14	**入浴**	入浴の際、車椅子から抱きかかえた時、車椅子のステップ裏面のネジの止め具に右足を引っかけ、裂傷を負った。
15	**起き上がり**	左片マヒの利用者が、ベッドのリモコンを動かした時、よく見ていなかったため、自分の左手を柵とベッドの間に挟んでしまった。
16	**誤えん**	昼食中に軽い咳払いがあり、誤えんの疑い。背中を叩くが本人が拒否、徐々に声がかすれたので口腔内を見ると、煮込みのレンコンを丸のまま飲み込んでいた。直ちに手で取り出したが、口腔内に軽い傷を負った。
17	**誤えん**	別の入居者のところに面会に来た方が持参したもち菓子を、面会者が帰ったあとに本人が希望して譲り受け、自分で食べた際、喉に詰まらせた。けいれん状態にある本人を職員が発見し、救命処置をし、病院に搬送したが、搬送先にて死亡した。
18	**誤飲**	入浴の際、脱衣場で待機していた利用者（重度の認知症あり）が、掃除用に置いてあった風呂用の洗剤を飲んでしまった。職員が気がつき、即受診させたが、１週間の加療を要することになった。
19	**誤薬**	食事の配膳を間違って、他の入所者の薬を飲ませてしまった。
20	**異食**	アルツハイマー型の重度の認知症の利用者が、薬のカプセル錠を包装している銀色の堅い紙を異食したのを職員が気づかず、数日後、食欲不振、顔色不良、他の様子観察により病院受診した。結果、気道近くに位置する食道部分に突き刺さるように異物（カプセル包装紙）が発見された。
21	**行方不明**	早朝勤務交代時、わずかの隙にホーム外へ飛び出し、丸二日捜索して、やっと発見された。高度認知症の利用者であった。
22	**行方不明**	短期入所利用者が早朝無断外出し転倒する。不在に気づき捜索するも見つからず、通行人に発見され、救急車対応となる。
23	**車両操作**	利用者を車椅子に乗せたまま、昇降リフトに乗せボタン操作を行い、リフトを車両床面と同じ高さまで上げた。そして、そのままボタン操作を継続し、リフトを車両内に向け平行移動させた。車両が傾斜していたため、リフト上で車椅子が少しずつズレ、危険を感じてリフトを停止させたところ、その反動で被害者の身体が車椅子から車両床に落下、頭部を受傷した。
24	**車両操作**	デイサービス利用者をリフトカーに移乗中、リフトと車体の間に右足第一指を挟み骨折した。リフト作動前に、安全のための指差し確認をしてリフト作動したにもかかわらず、利用者が車椅子のステップから急に足をはずし、リフトの外側へ足を出した。職員があわててスイッチから手を離し、リフトを停止したが、間に合わなかった。
25	**その他**	全介助（寝たきり）であり、骨折は考えられないのだが、オムツ交換時、右大腿骨あたりが赤く腫れており、念のため受診したところ、骨折と判定される。

	賠償責任判断の視点
	移乗の時には、声をかけて、利用者とタイミングを合わせ、身体状況の安全の確認をすることが基本中の基本。明らかに安全配慮義務を欠いており、施設の責任が生じる。
	重度認知症の利用者であれば、車椅子の車輪に手を出すことは予測すべき危険である。手を出しても巻き込まれないよう工夫するか、巻き込まれない車椅子を利用すべきである。施設側の責任は明らか。
	手足に拘縮のある利用者の介助は、無理な力をかけないよう細心の注意を必要とする。安全配慮義務違反は明らか。
	ステップ（フットサポート）は跳ね上げた状態で使うことが大前提であるので、裏側に突起物がある時はテープを貼るなどして、安全対策ができる。また、著しく危険な突起物であれば、製品の欠陥としてメーカーの責任も発生する。施設としては、危険な製品はチェックし使用しないことが重要。
	自分で操作することに危険のない利用者であれば、施設側の責任はない。背もたれと柵が一緒にギャッジアップする製品もあるので、危険がある利用者に対しては、このような製品を使用することも安全対策として大切である。
	そのまま放置すれば生命に関わる危険であり、これを回避するために、この程度の傷は許容範囲内で責任は生じない【より大きな危険を回避するために必要な行為によって生じた、小さな被害に対しては責任は生じない。緊急避難】。
	予測は不可能であり責任は生じない。著しくえん下能力に問題のある利用者に対しては、周囲の利用者に食べ物を譲らないよう注意を促す必要はあるかもしれない。
	重度認知症の利用者の異食はすべて予測される危険であるから、危険性の高い物品（洗剤・薬品など）はカギのかかる場所に保管するなどの対策が必要である。安全配慮義務違反は明白。
	与薬ミスは利用者自身が防ぐ術をもっていないので、100% 施設の責任。対策は何重にも！
	薬の包装は重度認知症の利用者が食べてしまうことが多く、予測すべき危険である。これらの利用者に対しては、包装ごと手に渡るようにしてはならず、必ず飲む時に包装から出されたものを直接渡すべきである。施設側の責任。
	ホーム外へ出てしまったことについては、著しく管理に手落ちがある場合を除き、施設側の責任は問えない。しかし、2日間職員だけで捜索したことについては、もっと早く警察や地域の力を借りるべきであり、適切な対処とは言えない（利用者にけがかなかったからよかったが……）。
	21 と同様、著しく管理に手落ちがない時は責任なし。短期入所者や入所して間がなく施設の生活に慣れていない利用者は、自宅へ帰ろうとするなどの行動が多く見られる（特に夕方が多い）。見守りを増やすなどの対策で防げると思う。
	車椅子は少しの傾斜でも動いて危険なので、車両を停車させる時に車が傾斜していないか確認すべきである。また、リフトを操作する時にも、同様に車椅子の状態を確認すべきで、二重のチェックミスである。安全配慮を尽くせば 100% 防げる事故である。
	不随意運動がある利用者など、突然利用者の足が車椅子から大きくはずれることが予想されるのであれば、リフト操作中のみ足を拘束するなどの対策をとるべきである。
	骨折の原因が不明なので責任の確定はできないが、寝たきりの利用者は体位交換やオムツ交換時にほんの少しの力で骨折することがある。オムツ交換や体位変換の方法が、骨のもろい利用者に対して適切なものかが問題となる。乱暴な介助が頻繁に行われているなどの事実があると、責任が生じる可能性もある。

No	区分	事故事例
26	**その他**	軽度認知症の利用者。オムツ交換時、目を離した隙に胃ろうチューブを自力で抜去していた。病院と連絡をとって救急処置法の指示を仰ぎ、翌日早々入院し、ことなきを得た。
27	**歩行**	利用者が単独歩行する時、廊下や通路に置いてあるもの（カーテン、掃除用具、パイプ椅子など）につかまって移動しようとしたため、転倒した。
28	**その他**	4F 食堂にて発生。職員と一緒に大掃除で洗い終わったカーテンをレールに付けていた利用者が、足場にしていたテーブルから降りる時に、テーブルの角に右足を強打し、右下腿裂傷となってしまった。

1－4　事故を評価する基準とは

１－２で「防ぐべき事故と防げない事故」と２つに区分しましたが、実際の事故防止活動では事故を５段階に分けて評価しています。この事故の評価で重要なことは、管理者が事故の評価基準を間違えないことです。

大きな事故が起きると事故を起こした現場を責めて、小さな事故はお咎めなしという管理者がいます。この管理者は事故を損害の大きさで評価しているのです。しかし、転倒した時に軽傷で済むのか不幸にして重傷事故になるのかは、偶然でありコントロールのしようがありませんから、この評価に職員は納得できません。

また、事故の件数で評価して、「3階フロアは事故が多い」と他の職場と比較して咎める管理者もいます。しかし、各フロアに同じ利用者がいる訳ではありませんから、比較しても意味がありません。大切なことは、評価される職員が納得できる基準になっているということです。では、現場の職員が納得できる事故評価の正しい基準とはどんな基準でしょうか。

私たちは事故を質で評価します。同じような事故でも絶対に防がなければいけない事故と、防げなくても仕方がない事故がありますから、図２のように５段階に分けて評価しているのです。事故が起きた時、その事故がこの５段階のどのレベルに当てはまるのかを、事故報告書に記入することによって、事故の評価基準をより明確にすることができます。

図２の１～３の事故がやるべきことを怠って起こした事故に当たります。当然、過失として賠償責任が問われます。反対に、４～５の事故はやるべきことをやっても防げない事故ですから、責任は問われません。

さて、問題は5に当てはまる事故の取り扱いです。5に当てはまる事故は、どんな対策を講じても防げない事故で、私たちはよく「不可抗力」という言い方をします。ここで、みな

	賠償責任判断の視点
	事故発生時の対応も適切であり、賠償責任はないと判断される。認知症でチューブ抜去の危険の高い利用者に対しては、抜去する可能性の高い時間を調べ見守りを増やすことや、チューブを利用者の目にふれないように工夫するなどの対策が必要である。
	つかまると倒れるものは、利用者が移動する場所には絶対に置かない。どうしても置く必要があるものは、つかまった時に倒れないようにしておく必要がある。安全配慮義務違反。
	利用者が職員の仕事に手を貸すなどは、特に明らかな危険がない限り許容されるべきだと考える。しかし、この事例では利用者がテーブルの上に上ることについて危険がなかったか、また、テーブルから降りようとする時、利用者への安全配慮を怠っていなかったかが問題となる。

図2　事故の５段階評価基準

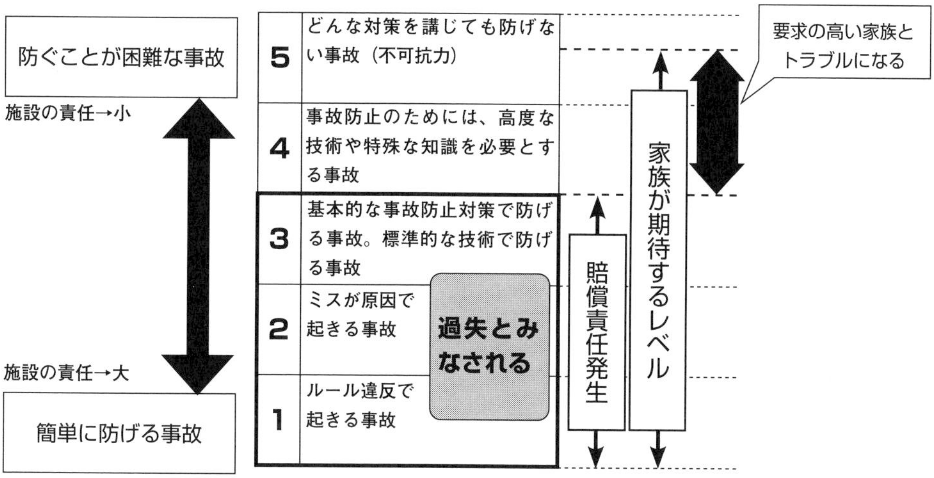

さんに質問です。みなさんの職場で５に当てはまる事故が起きたとします。たとえ防げない事故であっても、事故報告書は書かなければいけません。事故報告書には「再発防止策」というちょっとやっかいな欄があります。５に当てはまる事故が起きた時、事故報告書の再発防止策の欄には何と書いたらよいでしょうか。

正解は「なし」です。どんな対策を講じても防げない事故ですから、再発防止策はないのです。しかし、事故報告書の再発防止策の欄に大きな字で「な・し」と２文字書いて提出したら、施設管理者から何を言われるかわかりません。仕方なく正直な現場の介護職員は「もっと見守りを強化する」と、できもしないのに気合で書いてしまいます。

気合で事故は防げませんから、再発防止策は「なし」と書かなければいけないのです。冗談で言っているのではありません。不謹慎なことを言っているのでもありません。防げない事故は「防げない事故である」ときちんと区分して、全職員が意識しなければなりません。

なぜなら、防げない事故に対してやるべき重要な対策があるからなのです。根性で防げというのではありません。防げない事故は、家族に防げないことを理解してもらわなければならないのです。とても防げないような転倒事故を気合で「見守り強化します」などと言えば、家族は防いでくれると勘違いして、再発した時に必ずトラブルになります。

防げない事故を防げないと家族に理解してもらう取り組みを、私たちは「家族にリスクを共有してもらう取り組み」と呼んで、この取り組みにかなり大きな労力を割いています。最近では、自立歩行の利用者なのに、「母を絶対に転ばせないでください」と無理な要求をしてくる家族もいます。このような家族に、転倒事故の危険を受け入れてもらうのは至難の業ですが、事故後の家族トラブルの多くが、家族にリスクをきちんと説明していないことから起きていますから、必須の取り組みと言えます。

1－5　どのように説明したら家族はリスクを受け入れてくれるのか？

防ぐべき事故と防げない事故を区分した上で、防ぐべき事故にはきちんと防止対策を講じて、防げない事故に対しては家族にリスクを共有してもらわなければなりません。しかし、事故のリスクを理解して、簡単に受け入れてくれる家族ばかりではありません。

相談員は「要求の高いご家族」などと呼んで人一倍気を遣っていますが、このような家族にどのように説明したら、リスクを共有してもらえるでしょうか。

私たちは家族向けのパンフレットなどを使って事故のリスクについて説明しています。まさか「お母様は歩行中転倒の危険が高いですから、４～５回転倒して５回目にはきっと骨折しますよ」と伝える訳にはいきません。リスクを伝えるにはコツがあります。リスクを伝える時のコツは「事故のリスクと防止対策をセットで伝える」です。

「お母様は転倒事故のリスクが高いので、私たち職員はこのような事故防止対策を講じています」と具体的な転倒防止対策を伝えるのです。こうすれば、ほとんどの家族が事故のリスクの話に耳を傾けてくれます。ただし、これだけで事故のリスクを受け入れる訳ではありませんから、もう一工夫必要です。

家族にきちんと事故のリスクを受け入れてもらうために最も効果的なのは、家族にも事故防止活動の役割を担ってもらうことです。私たちは、この伝え方を活用して、パンフレットを使って家族に事故防止活動への協力を呼びかけています。次頁に紹介するのはある特別養護老人ホームで作成して、入所前に相談員が家族に説明しているパンフレットです。かなり効果があるそうです。

介護職員は自分たちの手で事故を防がなければいけないと考えて、自分たちだけで事故防止の責任を抱え込みがちですが、それはかえって逆効果なのです。利用者の生活を一番知っているのは家族ですし、家族も職員以上に事故のない安全な生活を望んでいます。もっと気軽に家族に協力をお願いしてみましょう。

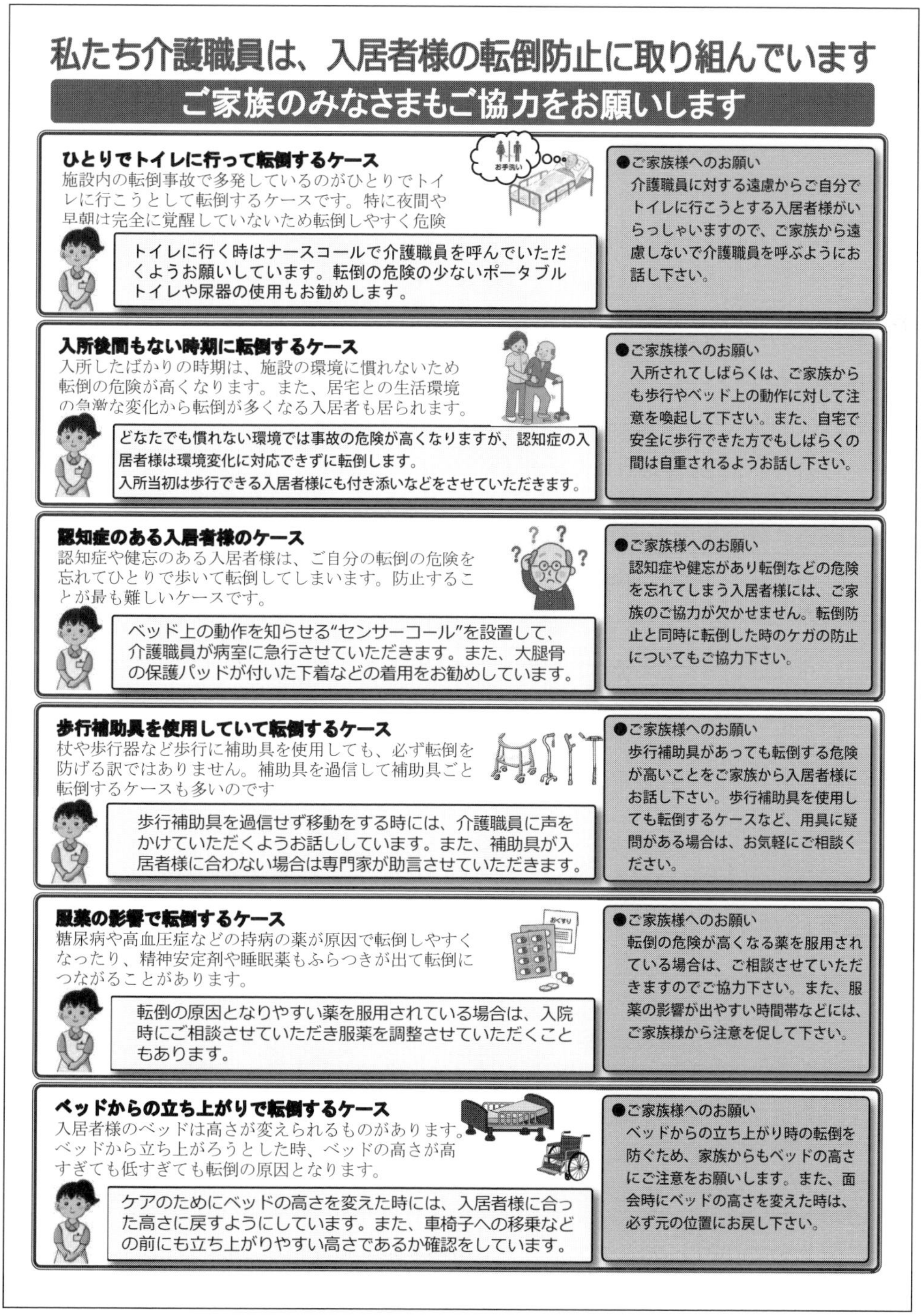

1－6　身体拘束と事故防止の関係は？

事故防止のために仕方がない、と言って安易に身体拘束をする施設があります。もちろん許されることではありません。しかし、本人の安全のために身体拘束をすることがない訳ではありません。「今すぐ手を縛らないと命が危ない」という状況であれば、手を縛らなければなりません。では、どのような事故を防ぐために、どのような身体拘束が許されるのでしょうか。

2018年4月の介護保険制度改正で身体拘束廃止の規制が厳しくなり、役所の監査で身体拘束の指摘を受けて混乱した施設がたくさんあります。役所の監査の担当者は「身体拘束と見えること」が身体拘束であり、緊急やむを得ない場合の3要件を満たさない限り許されないと思い込んでいます。しかし、本来、身体拘束が妥当かどうかの判断は、違う視点で判断されるべきだと私たちは考えており、身体拘束に該当しなくても以下のような判断基準で、利用者の行動抑制の是非を判断しています。

□行動抑制（身体拘束）の判断基準

行動抑制によって得られる安全の重さ（大きさ）と、行動抑制によってもたらされる弊害の重さ（大きさ）を比べて、安全のほうが弊害よりも重ければ行動抑制をすべきであり、反対に得られる安全よりも弊害のほうが重ければ行動抑制は許されない。

この判断基準は、刑法の緊急避難という法律に似ています。刑法では、たとえ他人に違法行為による損害を与えても、その違法行為によってその人にもたらされる安全のほうが、損害より大きければ罰せられないのです。行動抑制（身体拘束）も、身体拘束に該当するか否かではなく、身体拘束がその人にとってプラスになるのかマイナスになるのかを判断することが重要だと思うのです。

こんなトラブルがありました。認知症の利用者が胃ろうで寝たきりの利用者の居室に入り込み経管を抜去してしまうので、寝たきりの利用者の家族の希望で部屋に施錠したのです。ところが、監査の担当者から「居室の施錠は身体拘束なので止めるように」と指導され、結局認知症の利用者の拘束を検討することになってしまいました。寝たきりの利用者の居室を施錠しても、本人には弊害はまったく発生せず経管抜去という事故を避けられますから、居室への施錠は妥当な判断なのです。もちろん、防火安全上の問題から居室の施錠はできませんので、ドアの高い位置にチャイルドガードというすぐに外せる門錠を付けて一件落着しました。

監査の担当者は、外見的なことで身体拘束に該当するか否かを判断するのではなく、行動の抑制がその人にとってプラスになるのかマイナスになるのかを判断基準にしてほしいものです。

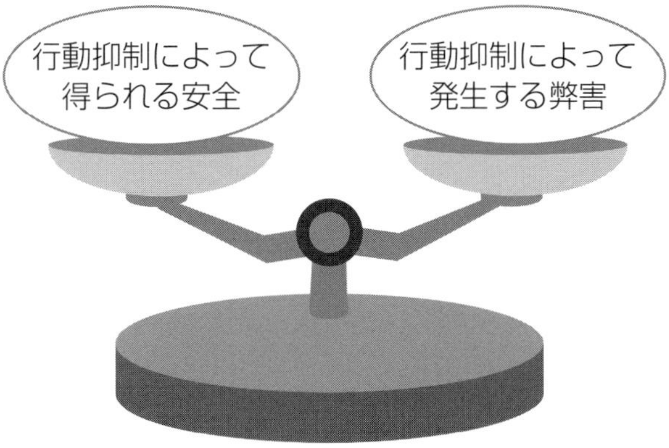

行動抑制（身体拘束）の判断基準

行動抑制によって得られる安全と弊害を比べてみると……

2 事故防止の基本活動を徹底する

2－1 ヒヤリハット活動だけでは事故は減らない

ヒヤリハット活動に長年取り組んでいるのに事故防止の効果がなく、上司から言われるので漫然とシートを書いているだけ、という職員が現場にはたくさんいます。20年も取り組んで効果が上がらないのであれば、もともと効果がないか取り組み方が間違っているかどちらかですから、検証しなければなりません。

なぜヒヤリハットシートを書いても事故が減らないのでしょうか。最も大きな原因は、事故防止の基本活動を疎かにしていることです。基本活動を徹底すれば、ヒヤリハット活動は間違いなく効果が上がります。まず基本活動に取り組んでください。

私たちが事故防止の基本活動と呼んでいるのは、図３のＡとＢの部分です。Ａは「安全ルールの順守」という取り組みです。介助の方法には、「こんな危険なやり方は絶対にダメ」というルールがあります。このルールを破って事故を起こすモラルの低い職員が時々います。故意に危険な行為を行うのですから、悪質な事故であり、安全ルールを徹底させなければなりません。

Ｂの部分は「危険発見活動」と呼んでいます。隠れている危険を見つけて改善するという取り組みで、２つに分かれます。１つは「施設の設備や業務に関する危険」を見つけて改善

図３　事故防止の基本活動

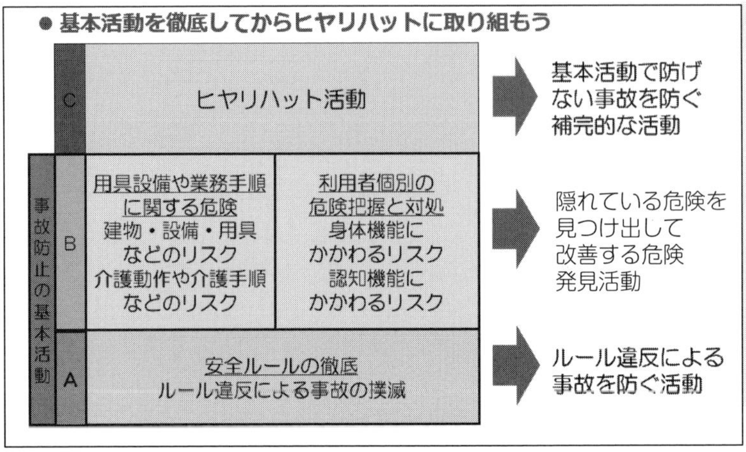

する取り組みで、2つ目は「利用者個別の危険を把握して適切に対処する」という取り組みです。

私たちが現場で取り組んできた事故防止活動で、最も成果が上がった活動は、この危険発見活動でした。取り組みのポイントをご紹介しますので、是非みなさんも基本活動を徹底してください。

2－2　安全ルールの徹底

前述したように、ルール違反による事故は最も悪質な事故ですから、ルールは厳しく守らせなければなりません。どうすれば安全ルールをきちんと守るようになるでしょうか。ルール違反による悪質な事故が起きると、その職員個人のモラルが原因のように思われがちですが、違います。職場にルールを順守するための条件が備わっていないことが原因なのです。ルールを順守するための職場の条件は次の2つです。

① ルールを文書化する

ルールは文書にして誰でもわかるように明確にしなければ、その順守を徹底することができません。暗黙の了解はルールとして機能しないのです。

② 罰則を周知する

「罰則が嫌だからルールを守る」という人はたくさんいますから、罰則を周知徹底しなければなりません。

たとえば、「こんな危険な介助方法は絶対にやってはいけない」というルールを破って死亡事故を起こしたら、事故を起こした職員はどんな罰則を受けるでしょうか。罰則は3つあります。

- **懲戒解雇**：就業規則違反ですから会社を解雇されるでしょう。
- **賠償金支払**：この事故で会社が支払った賠償金を職員個人に賠償請求されるかもしれません。
- **業務上過失致死罪**：刑法の犯罪として起訴されて、裁判で有罪になるかもしれません。

このように安全ルールには厳しい罰則があります。まかり間違えば一生を棒に振ることになるかもしれないことをしっかり認識してもらいましょう。

2－3　施設の設備や業務に関わる危険を発見する活動

次に施設の用具・設備の管理や業務手順の不備によって発生する事故を防ぐ取り組みをご紹介しましょう。

① 福祉用具や介護機器の安全点検

車椅子のブレーキが緩んでいて、移乗介助しようとしたら車椅子が動いてしまい利用者を転倒させてしまったという事故が時々起こります。介護職員は事故報告書の事故原因の欄に「車椅子のブレーキが緩んでいたこと」と記入します。確かに目に見える直接的な事故原因はブレーキの緩みかもしれません。しかし、本当の原因は違います。車椅子は何の手入れもしないで放っておけば、いつかブレーキは緩みます。本当の原因は車椅子の手入れを怠っていたことです。では、なぜ車椅子の手入れを怠っていたのでしょうか。それは、その施設に車椅子の安全点検というルールがないからです。

多くの施設は「車椅子の一斉点検日」などを決めて、一斉に点検をしていますし、車椅子の点検方法を、マニュアル化している施設もたくさんあります。まず定期点検をしてください。

② 建物や設備の危険箇所の点検

車椅子同様に、建物や設備も時間の経過とともに、不具合が生じて危険な状態になります。築3年の施設と築20年の施設では、建物・設備の安全性は大きく違います。当然、築年数の古い施設は、安全点検を行い危険な箇所を改善しなければ、事故の原因となる危険箇所が放置されてしまいます。これらの施設内の危険箇所をどのようにして発見し、どのように改善したらよいのでしょうか。

私たちは長年「危険箇所総点検」という活動によって、建物・設備・用具などの危険を発見して改善する活動をしています。大変効果的な活動ですから是非取り組んでください。取り組み方は次の通りです。

施設内危険箇所総点検活動の取り組み方

① 施設内危険箇所点検表を配布

全職員に危険箇所点検表を配布し、業務中に発見した危険箇所を記入してもらう

② 危険箇所改善管理表を作成

１週間後に危険箇所点検表を回収して、危険箇所改善管理表を作成する

③ 優先順位を決めて改善する

改善の優先順位と改善担当者を決めて、１年かけて順次改善していく

この年１回の危険箇所総点検活動は、年度初めの４～５月に取り組むとよいでしょう。年度変わりには人事異動などで新しいスタッフが施設に入ってきますから、新鮮な目で危険箇所をたくさん発見してくれるはずです。

施設内危険箇所点検表

あなたが危険だと感じる、「施設内の危険箇所」を探して下記の表に記入してください。（どこがどんな状態でどんな危険があるかを具体的に記入してください。）また、どんな対策を打てばよいかわかれば、それも記入してください。この危険箇所点検表は１週間以内に施設長宛てにご提出ください。

どこが	どんな状態で	どんな危険が	どんな対策を

職場　　　　　　　　　　　氏名

施設内危険箇所

－こんな危険箇所をチェックしてみよう－

● 脱衣所・浴室

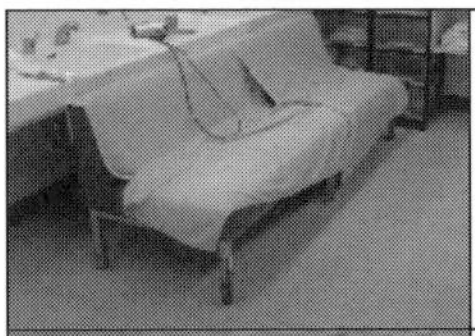	更衣室の椅子	奥行きの深いイスは、身体が後方に傾き前に滑り、ずり落ちの原因となります
	更衣室の床	滑りやすい場所だから防滑性のある床を
	椅子には手すりが必要	ズボンをはく時や靴下を履く時などバランスを崩した時つかまる手すりが必要
	浴槽の構造	R の多い浴槽は滑る。FRP（繊維強化プラスチック）のユニットバスのように、浴槽の角の内側が丸みをもっている浴槽は、障害のある人にとっては滑りやすく危険
	浴槽の構造	埋め込み浴槽は危険。階段を 5 段歩かないと浴槽に入れない。しかも階段はお湯の中でステップが見えない。どうやって転ばずに入ろうか？
	滑る排水溝の蓋	排水溝の蓋は滑り止め加工された安全なものに買い替えてください
	座面が湾曲しているシャワーチェア	シャワーチェアの座面が湾曲している。ど真ん中に座れば問題ないが、中心からずれて座ると体が傾き、イスから転落する事故が多発している
	手元でお湯の出し止めができないシャワーヘッド	お湯を出したり止めたりするたびに、蛇口に手を伸ばすのでは介護職の大きな負担になる
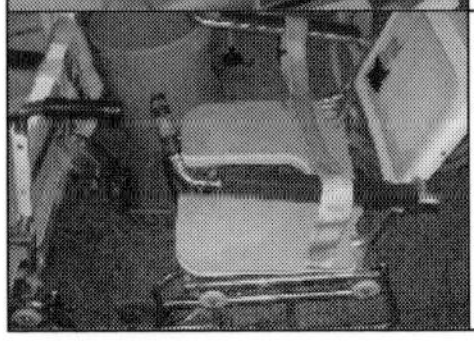	座面が滑りやすいリフト浴	座面が滑りやすい上、安全ベルトをきつく締められないので、チェア上で滑ってバランスを崩す危険がある

● 居室・デイルーム

	居室の扉が内開き	居室の扉は横開きか外開きが鉄則
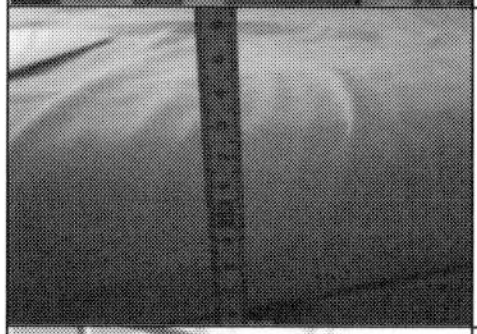	本当に低床ベッド？	一番低い状態で 63 ㎝もあるのでは安定した端座位は取れません
	錆びついてグラつく介助バー	介助バーがグラついているのでは身体を支えられません
	ソファ	ソファから軽やかに起き上がれる人はいません
	座面の奥行きの長い椅子	ずり落ちの原因になりますし、姿勢が悪くなるので食事には適しません
	クッションマット	厚みがあるクッションマットは端に足を引っかけて転倒します

● トイレ

	手すりが足りないトイレ	大昔の施設のトイレと同じです バランスを崩したら転落して大ケガです

● 車椅子など福祉用具

	座面が弛んだ車椅子	車椅子を長期間使用すると座面が弛んで座った時に腰に痛みが出ます
	タイヤの擦り減り	これではブレーキは利きません

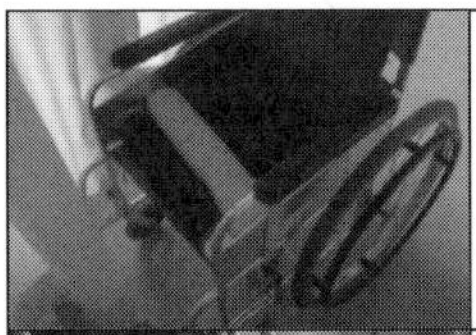	ずり落ち防止？	ずり落ち防止のために腿の下にタオルを敷いていますが、足がうっ血するので絶対にしてはいけません。
	フットサポートの角が尖っている	トランスの時に、足がぶつかると皮膚の剥離が起きます
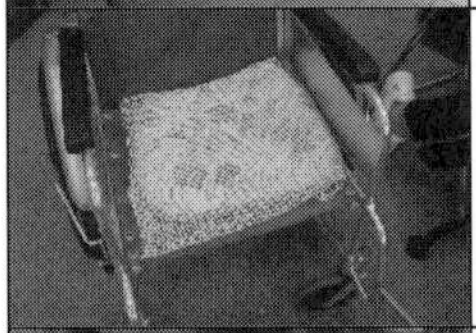	滑り止めネット	ずり落ち防止のための滑り止めネットをよく見ますが、座布団の下に敷くほうがよいと思います。
	ブレーキでタイヤが猛烈に減る	このタイプのブレーキはタイヤの表面を強くこするのでタイヤがすぐに減ってしまいます

●その他

	水の入った灰皿	認知症のある利用者が間違えて 灰皿の水を飲んでしまうと命にかかわります
	ヘルパーステーション内の 殺虫剤	殺虫剤は必ず鍵のかかるキャビネットに収納しましょう
	傾斜が急な スロープ	雨の日は滑りますから滑り止めテープを貼ってください
	エントランスの 下駄箱	エントランスで靴を脱ぐ施設は 下駄箱前に必ず椅子が必要

③介助方法（介助動作）の見直し

施設を中心に従来の介助方法（介助動作）を見直す取り組みが、活発に行われています。介護現場ではPTなどが中心になって、「もっと安全でもっと負担の少ない介助方法はないか」と模索しています。では、なぜ従来の介助方法を見直さなくてはならないのでしょうか。

従来の介助方法は、介助する職員の動作だけを考えているので、利用者にとってはやったこともない無理な動作（姿勢）をとらされることが多いからです。無理な動作（姿勢）をとらされていますから、事故の危険が大きくなるとともに支えている介護職員の負担も大きくなるのです。

新しい介助動作の考え方は、まったく逆です。利用者が日常生活で慣れ親しんだ動作（身体の仕組みに合った動作）をしてもらい、この動作に対して適切な介助動作を決めるという考え方です。この新しい発想の介助動作で介助すれば、利用者は身体の仕組みに合った自然な動作ができますから、事故の危険が大幅に減少し、介護職員の負担も軽減します。介助動作の見直しに是非取り組んでください（第2部参照）。

こんな介助動作が見直しの対象

●こんな介助法（介助動作）は危ない！　安全な介助方法は定着しているか？

起き上がりの介助

立ち上がりの介助

座り直しの介助

移乗の介助

食事の介助

食事の介助

入浴の介助

2－4　利用者個別の危険把握と対処

■リスク情報の収集

次の危険発見活動は、利用者の個別の危険を把握して適切に対処するという取り組みです。新規に入所した利用者は、その利用者個別の身体機能や認知症の状態を詳細に把握しなければ、適切な介護サービスの提供はできません。同じように、利用者個々の危険の状況を詳細に把握しなければ、事故を防ぐことはできません。

本入所の利用者であれば、入所前にケアマネジャーや病院などから医療情報を入手し、家族から生活上のリスクについてヒヤリングをするなどていねいに情報収集をしているでしょう。問題はショートステイです。初回利用のショートステイでは、ていねいに情報収集をする時間的余裕がないまま、サービス提供が始まってしまうことがあります。現場の職員はリスク情報がないまま対応しなければなりませんから、事故が多発することになります。

こんな事故が起きました。異食癖のある認知症の利用者が初めて利用したショートステイで、浴槽洗剤を異食して救急搬送されたのです。幸い大事には至らず、駆けつけてきた息子さんに対して相談員が「異食癖があるとは聞いていなかった」と咎めました。すると息子さんは「そんなこと聞かなかったじゃないか！」と言って、トラブルになったのです。

この事故は異食癖について説明しなかった息子さんの責任でしょうか？　そうではありません、異食癖について尋ねなかった施設の落ち度です。認知症の利用者のBPSDについて積極的に話そうとする家族はいませんから、施設側がていねいに情報収集しなければいけなかったのです。特に、ショートステイは入れ替わりが激しいのですから、相談員は個々のリスク情報を聞き出すためにヒヤリングシートなどの工夫をして面談に臨まなければなりません。

あるショートステイの相談員のヒアリングマニュアルには次のように、ヒヤリング話法まで載っていました。

> 大変失礼なことをお聞きして申し訳ありませんが、お母様は食べられないものを口に入れてしまうということはありませんか？　家からいなくなって家に戻れなくなったようなことはありませんでしたか？

■転倒のリスク把握は難しい

居宅ではまったく転倒しない利用者が、施設では頻繁に転倒することがあります。居宅は生活動作の環境が狭く家具などつかまるものがたくさんありますが、施設は歩行環境が広いので転倒しやすくなるのです。その上、 転倒のリスクは身体障害などの外見的な特徴や生活状況などから予測すること（評価）が難しいという特徴があります。

そこで、私たちは「転倒リスクアセスメントシート」という、転倒リスクの評価表を作って、点数で評価をしてみることにしました。これは、転倒のリスク要因のうち該当する項目の点数を合計して、その点数で転倒リスクを判断するというものです。

70 代の女性利用者は、要介護度２で独歩なのに点数が高くなりましたが、実際にショートステイをすると早朝にベッド回りで何度も転倒しそうになりました。完全に個別のリスクを評価することはできませんが、点数で評価するとわかりやすいだけでなく、職員が情報を共有しやすくなるというメリットがあります。

転倒防止可能性実証実験レポート

介護職員がそばにいれば転倒は防止できるのか？

介護職員が杖歩行の利用者に歩行介助をしている時に、突然利用者が転倒骨折し裁判になりました。多くの裁判所は「転倒の危険は予見可能であり、介護職員は転倒事故を回避すべき義務があったのにこれを怠った」として、施設側の過失を認定してしまいます。しかし、歩行中に転倒事故が発生した時、転倒が回避可能だったのかについては検証されていません。また、認知症の利用者が車椅子から立ち上がり、転倒骨折した事故の裁判でも、「介護職員がすぐそばにいたのであるから、十分に注意していれば事故は容易に防げたはずである」と過失が認定されてしまいます。両者とも、「介護職員が近くにいれば転倒事故は防げるはず」という非科学的な主張を根拠に判断されているのです。

私たちは、歩行介助中や見守り中の転倒事故など、介護職員が近くにいるような転倒事故で、どれくらいの確率で転倒が防げるのか、裁判などで施設側の無過失を主張するための実証実験を行いました。本実証実験をとおして、不意にふらついて転倒しそうになる利用者を介護職員が支えようとした時に、どれくらいの確率で転倒が防げるのか、転倒防止の可能性を科学的に実証することができました。

本実証データを裁判で証拠として活用すれば、前述の「介護職員がすぐそばにいたのであるから事故は容易に防げた」という主張に対して、「その距離では転倒防止の可能性は 20%なので過失ではない」と科学的根拠をもって主張できます。

※実証データをさしあげています。安全な介護 HP からお申込みください。

www.anzen-kaigo.com

転倒リスクアセスメントシート

■スコアは該当すればその点数を、該当しなければ 0 点を記入してください。

分類	特徴	スコア	評価		
			月日	月日	月日
年齢	65 歳以上である。	2			
既往歴	転倒・転落したことがある。	2			
感覚	平衡感覚障害がある。	2			
	視力障害がある。聴力障害がある。	1			
運動機能障害	足腰の弱り、筋力低下がある。	3			
	四肢のどれかに麻痺がある。しびれ感がある。 硬縮や変形の骨・関節異常がある。	1			
運動領域	自立歩行ができるが、ふらつきがある。	3			
	車椅子・杖・歩行器・ストレッチャー・リクライニング車椅子を使用している。	2			
	自由に動ける。	2			
	移動に介助が必要である。 寝たきりの状態であるが、手足は動かせる。	1			
記憶力	認知症がある。不穏行動がある。 判断力、理解力、記憶力の低下がある。 見当識障害、意識混濁がある。	4			
薬剤	睡眠薬、抗不安薬、抗うつ薬、抗精神病薬、抗癲癇薬、抗ヒスタミン薬、抗アレルギー薬、禁弛緩薬、5 種類以上の薬を服用	2			
	降圧剤、血糖降下剤、排尿障害治療剤、鎮痛剤、麻薬	1			
排泄	尿・便失禁がある。頻尿である。 トイレまで距離がある。 夜間、トイレに行くことが多い。	3			
	ポータブルトイレを使用している。 車椅子トイレを使用している。 膀胱留置カテーテルを使用している。 排尿には介助が必要である。	1			
病状	脱水症状がある。貧血症状がある。	2			
	リハビリの開始時期、または訓練中である。 症状や ADL が急に回復・悪化している時期である。	1			
本人の特徴	ナースコールを押さないで行動しがちである。 ナースコールを認識できない。	4			
	行動が落ち着かない。何事も自分でやろうとする。	3			
	環境変化（新規入所・ショート初回利用）が大きい	1			
危険度評価	危険度 1：1 ～ 9 点　転倒・転落の恐れがある。	合計危険度			
	危険度 2：10 ～ 19 点　転倒・転落を起こしやすい。				
	危険度 3：20 点以上　転倒・転落をよく起こす。				

最近の転倒事故（ヒヤリハット）の情報【家族情報などから、転倒場面や時間など具体的に】

3 ヒヤリハット活動のやり方を見直そう

3－1 ヒヤリハット活動の現状

ヒヤリハット活動に取り組んでも事故が減らない理由の２番目は、ヒヤリハット活動の方法が間違っているからです。ただ、漫然とヒヤリハットシートを書いているだけでは事故は減りませんし、中にはヒヤリハット活動が事故防止活動の弊害になっているような場合もあります。もう一度今のヒヤリハット活動を見直して、効果の上がるヒヤリハット活動に修正しなければなりません。

次のようなヒヤリハット活動になっていたら、ヒヤリハット活動が事故防止活動の障害になっていますから、今すぐに見直したほうがよいでしょう。

■ヒヤリハットシートが施設長のバインダーに眠っている

職員が提出したヒヤリハットシートは、どのように扱われていますか。主任⇒相談員⇒事務長⇒施設長とたくさんの回覧印が押された後、施設長のバインダーに閉じられて眠っている施設が多いのではないでしょうか。印鑑を押した役職者がシートを読んでいるかも疑問です。主任や相談員がシートを読んで再発防止策を検討していれば、まだよいのですが、ほとんど下から上への一方通行で終わっているのが現実でしょう。

提出後のフォローがないことも問題ですが、もっと大きな問題は職員間でヒヤリハット情報が共有されていないことです。ある職員がＡさんの転倒のヒヤリハット情報をシートに書いても、他の職員にリスク情報が伝わっていませんから、転倒リスクを認識することさえできないのです。これではヒヤリハットシートに書くより、申し送りでヒヤリハット情報を伝えたほうがよほど効果が上がります。

■ヒヤリハットシートの枚数を競わせる

事故防止委員会などで、前月のヒヤリハットシートの枚数を職場別に集計して発表し、「3階フロアはヒヤリハットシートの枚数が先月もビリでした。もっとたくさん書かせてください」と言ってハッパをかける管理者がいます。この管理者は、ヒヤリハットシートの枚数が事故防止の意識の高さだと勘違いをしているのです。

同じ環境で同じ利用者がいるのではありませんから、リスク情報を比べても意味はありません。ヒヤリハットシートを集計するのであれば、「3階フロアは転倒のヒヤリハットが急に増えましたが、何か原因があるのでしょうか？」とか「ショートの誤えんのヒヤリハットが以前より増加傾向にありますが、嚥下機能のアセスメントに問題はありませんか？」というように、リスクの原因分析に役立つ集計をしてほしいと思います。

■事故とヒヤリハットの区分がハッキリしない

どこまでがヒヤリハットでどこからが事故なのか、その区分が明確でない施設がたくさんあります。「ある人は事故だと認識しているのに、他の職員はヒヤリハットだと考えている」というのでは困ります。事故とヒヤリハットの区分には、標準的な取り決めがある訳ではありませんから、施設ごと（もしくは法人ごと）にルールを決めなくてはなりません。

施設内でルールを作る時は、どこまでがヒヤリハットというルールではなく、どこからが事故というルールを作ります。事故の定義を決めて「このようなことが起きたら事故として取り扱いますので、事故報告書を提出してください」というルールを作ればよいのです。「転んだら転倒事故」「転んでナースが対応したら転倒事故」「転んで受診したら転倒事故」「転んで受傷したら転倒事故」というように、ルールは施設によって異なるでしょう。下表はある施設の事故報告規程です。参考にしてください。

《参考》事故とヒヤリハットの区分（ある施設の「事故報告規定」）

次に掲げる事故を事故報告規定における事故として扱い、事故報告を義務付ける。
この事故に至る前段階で防げたものを、ヒヤリハットとして扱う。

事故の種類	事故の定義
転倒	転倒した事実をもって転倒事故として取り扱います。 ・転倒したが外傷が無く痛みもひどくないので経過観察とした場合も含みます。 ・本人や他の利用者の申告だけで、職員が目撃していない場合も含みます。
転落	転落した事実をもって転落事故として取り扱います。 ・転落したが外傷が無く痛みもひどくないので経過観察とした場合も含みます。 ・本人や他の利用者の申告だけで、職員が目撃していない場合も含みます。
誤えん	食事が咽に詰まり呼吸困難に陥ったことをもって、誤えん事故とします。ただし、誤えんが軽度で自力で飲み下した時など、職員の処置が必要なかった時は、ヒヤリハットとして取り扱います。
誤薬・誤配	次の事故を誤薬として取り扱います。 ・他人の薬を誤って服薬してしまった。 ・飲むべき薬を飲まなかった。 ・飲むべき薬の処方量を誤って飲んでしまった。 ・職員が他のご利用者の薬を配ってしまった。

■緊急性の高いヒヤリハットもシートに書いてしまう

ある利用者が歩行介助中に膝折れして転倒しそうになりました。それまで膝折れをしたことはなかったのですが、たまたまB職員がうまく支えたので事故には至りませんでした。B職員はヒヤリハットシートに書いて提出しましたが、その後、他の職員が歩行介助中にやはり膝折れをして、今度は転倒・骨折してしまいました。B職員はヒヤリハットはシートに書いて提出するのが仕事だと思っていたので、漫然とシートを提出しましたが、これでよかったのでしょうか。

それまで膝折れしたことがなかった利用者が膝折れしたのは、下肢筋力が低下したためで新しいリスクが発生したと考えなければなりません。すぐに他の職員と情報を共有しなければ、再び膝折れをして骨折事故になってしまいます。ヒヤリハットなどがなかった時代であれば、緊急カンファレンスを開いてリスク情報を共有したに違いありません。緊急性の高いヒヤリハット情報はシートに書いてはいけないのです。

3－2　ヒヤリハット事例を使ってケース検討に取り組む

前述のように、ただヒヤリハットシートを書いているだけでは、事故は絶対に減りません。せっかく書いたヒヤリハットシートですから、事故防止活動に活用しなければなりません。では、どのような方法で事故防止に活用したらよいでしょうか。ヒヤリハット活動の目的をもう一度思い出してみてください。ヒヤリハット活動の目的は「ヒヤッとしたりハッとした、という体験を記録して持ち寄り、事故が起こる前に防止対策を講じること」です。

前段の「ヒヤッとしたりハッとした、という体験を記録する」ところまではできているのですから、後段の「記録を持ち寄って防止対策を講じる」ことに取り組めばよいのです。つまり、職員が集まってヒヤリハット情報の内容を検討して、ヒヤリハット事例の原因分析と再発防止策の検討をするのです。私たちはこの取り組みをケース検討と呼んで、月1回1事例のヒヤリハットを選んで30分間会議をやっています。8年間、ケース検討に取り組んでいる特別養護老人ホームはこの取り組みによって当初の半分以下に事故を減らすことができました。ケース検討の進め方についてポイントを紹介しましょう。

■ヒヤリハット事例を選ぶ

たくさんのヒヤリハットシートの中からどのヒヤリハット事例を課題として選んだらよいのでしょうか。事故もヒヤリハットも考え方は同じで、リスク対応には優先順位があります。

小さな傷と骨折事故を比べれば、骨折事故を優先して対策を講じなくてはなりません。

リスク対応の優先順位の考え方は、2つあります。1つ目は「重大事故を優先的に防ぐ」という考え方、2つ目は「防止義務の高いリスクに優先的に対応する」という考え方です。

重大事故を優先する考え方：頻繁に起こりそうな事故で重大事故につながる事故は優先して対策を講じなくてはなりません。たとえば、居室の転倒事故と浴室の転倒事故では、浴室のほうが重大事故のリスクが高いので、浴室の事故を優先して防止対策を検討します。

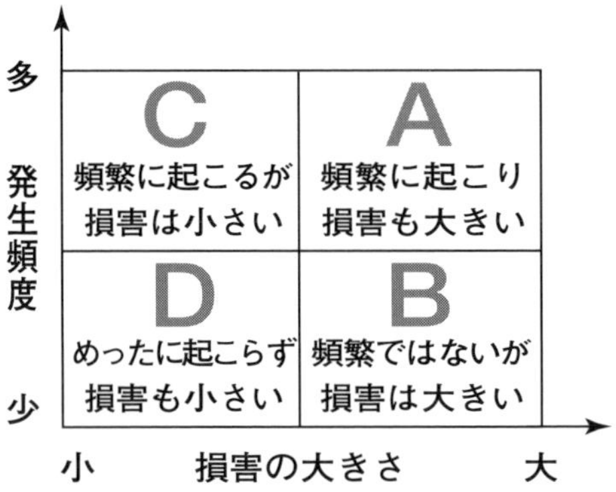

対応の優先順位はもちろんA→B→C→Dの順
頻繁に起こりそうで、利用者の命に関わるような危険には最優先で対応する

防止義務の重い事故を優先する考え方：介助中の事故と居室での転倒事故では、介助中の事故の防止対策を優先しなければなりません。なぜなら、居室での転倒事故には防ぐ義務がありませんが、介助中の事故は防止義務が最も重い事故だからです。本書1－2でも説明した通り、事故には「防ぐべき事故と防げない事故」があります。ヒヤリハットも防ぐ義務の重い事故に対して優先的に防止対策を講じなければなりません。

■参加者に課題シートを配布する

課題事例を選んだら、ケース検討の1週間前にケース検討会議の参加者に課題シートを配布します。

職員が利用者の離床介助をするため、居室に行ってベッドから車椅子移乗しようとしました。ベッドで端座位になっている利用者の上半身を抱え上げて、車椅子に移乗しようとした時、利用者が急にバランスを崩し、職員は支えきれずに抱きかかえたまま一緒に座り込んでしまいました。

参加者には「ヒヤリハット事例の原因をできるだけたくさん考えてきてください」と指示

します。会議の場で討論するのではなく、たくさん考えて持ち寄るのがコツです。そして「ケース検討原因分析シート」を渡して次のように付け加えてください。「原因は【利用者側の原因】【介護職側の原因】【介護環境の原因】の３つに分けて考えてください」と。

■3種類に分けて検討原因の洗い出しをする

事故やヒヤリハットの原因を分析する時、原因を３つに分けて考えることが大変重要です。もともと事故や介助ミスの原因はたくさんあるのですが、職場で討議すると介護職側の原因ばかり探す傾向があります。多様な原因を分析するためには、多角的な視点で検討する必要があるのです。

この事例では次のような原因を検討しなくてはなりません。

・利用者側の原因⇒なぜ利用者は移乗介助中に突然ふらついたのか？

・介護職側の原因⇒なぜ介護職は支えられなかったのか？

・介護環境の原因⇒介助環境に危険な箇所はなかったのか？

３つの原因をきちんと分けて考えられるように、原因分析シートも図のように作ります。

		直接原因	直接原因の奥に隠れた要因
利用者側の原因	なぜその利用者にリスクが発生したのか？		
介護職側の原因	なぜ職員は事故を阻止できなかったのか？		
介護環境の原因	設備や用具などに不備はなかったか？		

このようにして会議の参加者が持ち寄ったたくさんの検討原因を一覧表にしてみます。

まず、なぜ利用者が急にふらついたのか、その原因をできるだけたくさん考えて表に書き出してみます。あなたはいくつ思いつくでしょうか？

利用者側の原因	なぜ利用者は急にふらついたのか？	早朝に急激な低血糖を起こしていた
		前日服用した睡眠剤が残っていた
		動作方法に無理があった
		ベッドにつかまるものがなかった
		ベッドが高すぎて滑り落ちた
		パジャマが滑りやすい素材だった

■原因分析シートを作る

このようにして介護職側の原因と介護環境の原因も表にします。次に、この目に見える直接の原因の奥に隠れた要因を探します。たとえば､低血糖を起こしてふらついたのであれば、なぜ低血糖を起こしたのかを考えます。服用している糖尿病薬が効きすぎて低血糖を起こしていたのかもしれません。直接原因に対して隠れた要因を考えてまた表にしてみると、次のようになりました。

直接原因と奥に隠れた要因

		目に見える直接の原因	直接原因の奥に隠れた要因
利用者側の原因	なぜ利用者が急にふらついたのか	早朝に急激な低血糖を起こしていた	血糖値コントロールがうまくいっていない
		前日服用した睡眠剤が残っていた	睡眠剤の処方量が多すぎる
		動作方法に無理があった	居宅での介助方法と施設の介助方法が異なり慣れていなかった
		ベッドにつかまるものがなかった	福祉用具の見直しを怠っていた
		ベッドが高すぎて滑り落ちた	ベッドの高さを利用者に合わせていなかった
		パジャマが滑りやすい素材だった	居宅で着ていたシルクのパジャマをそのまま持ってきていた
介護職側の原因	なぜ職員が支えられなかったのか	介助方法が不適切だった	新しい無理のない介助方法の研修を行っていない
		声のかけ方が不十分だった	離床時の声かけのマニュアルがない
		利用者の動作のクセを知らなかった	利用者別の個別介助方法の訓練を行っていなかった
		介護職の履物が適切でなかった	安定した履物を着用するような規則がなかった
		介護職の体調が悪かった	体調が悪い職員に対する申し出を促したり、フォローする体制がない
		介護職の精神状態が不安定だった	10日前の深夜に体調急変の利用者が出て、夜勤が不安であった
施設側の原因	設備や用具などに不備はなかったか	車椅子のブレーキが緩んでいた	車椅子のブレーキを点検するルールがなかった
		マットレスが古く柔らかかった	端に座った時マットレスのへこんで滑り落ちた
		車椅子のフットサポートが開閉しない	古い車椅子を買い替えないで使っていた
		ベッドが低床ベッドではなかった	身体機能に合わせてベッドや福祉用具の見直しを行っていなかった
		車椅子の肘掛が跳ね上げ式でなかった	古い車椅子を買い替えないで使っていた
		居室の床が滑りやすかった	滑り止めのシートなどを敷いていなかった

■検討原因をチェックして真犯人を見つける

職場のみんなが集まって原因を検討する会議はここで終了です。つまり、検討原因の洗い出しをするだけで、本当の原因はこの時点では判明しないのです。この後、手分けをしてたくさんの検討原因をチェックして、本当の原因を確認していきます。会議の場で全ての検討原因をチェックすることは不可能ですから、じっくり時間をかけて分析すればよいのです。すると、このたくさんの検討原因の中に真犯人が3つか4つあることに気づきます。事故もヒヤリハットも決して一つの原因では起こりません。かならず複数の原因が見つかります。事故は必ず複数の原因が絡んで起こるので、一つの原因に決めつけてはいけないのです。覚えておいてください。

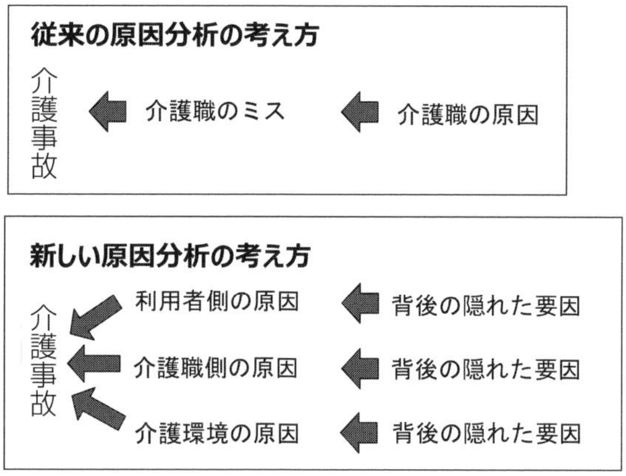

【参考】労災事故などで使われる原因分析手法
－SHELL 分析となぜなぜ分析－

労災事故や機械事故などで使われている原因分析の手法がSHELL分析となぜなぜ分析です。SHELL分析とは5つの視点から事故の直接原因を分析する方法です。そしてSHELL分析で明らかになったさまざまな原因の奥に隠れた要因を分析する方法が、なぜなぜ分析です。事故の引き金となった直接原因は、広い視点で多角的に分析し、次に直接原因の奥に隠れた組織的な要因を見つけ出し、これらを改善することで事故の原因をしらみつぶしになくしていくのです。

●SHELL分析で広い視点で多角的に原因を分析する

人のミス（ヒューマンエラー）の原因分析に使われる手法として、SHELL分析という手法があります。これは、人のミスが発生する要因を5つのファクターでチェックしていく方法です。

①S→ソフトウエア software：介護手順や介助手法などの業務手順

②H→ハードウエア（hardware）：福祉用具や介護機器などの用具や道具

③E→環境（environment）：建物や設備などの介護環境

④L→人（liveware）：業務を行う職員本人

⑤L→人（liveware）：業務を行う職員以外の人（利用者や同僚や上司）

●"なぜなぜ分析"で隠れた組織要因を探す

SHELL分析で5種類の原因をチェックしたら、その一つひとつの原因に対して、「なぜその原因が起きるのか？」という要因を挙げてみます。「車椅子のブレーキが緩んでいた」という原因に対して、ブレーキが緩んでいた要因は何かをチェックすれば、「車椅子を点検するルールがない」という要因が挙げられます。

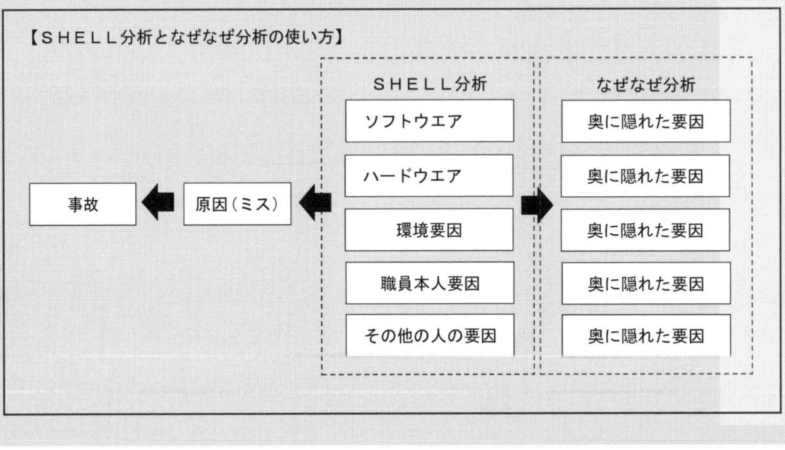

【SHELL分析となぜなぜ分析の使い方】

3－3 防止対策の検討

さて、原因分析シートによってヒヤリハット事例の原因が確認できたら、次は防止対策を検討しなければなりません。ここで事故防止対策の考え方を説明しておきましょう。

もともと事故防止対策のやり方は、3種類あります。これらの3種類の事故防止の方法をバランスよく使い分けることができると、少ない労力で効率的に事故が減らすことができます。偏らないように留意してください。

■未然防止策

事故の根本原因を見つけてこれを除去してしまう、という最も効果的な方法です。糖尿病の血糖降下剤が効きすぎて低血糖発作になり早朝によく転倒する利用者であれば、血糖降下剤を見直すことによって低血糖発作は起きなくなります。服薬の変更という簡単な対策によって、リスクがまったく発生しなくなるのですから、簡単で効果的にやり方です。

■直前防止策

未然防止策とは正反対の方法です。根本原因は放置したまま、その場その場で危険に対処するという方法で、あまりよい方法ではありません。たとえば、「見守りを強化する」「見回りを頻回にする」などで、手間ばかりかかって効果が少ない対策です。根本原因は解決されていないので、同じリスクが何度も発生しキリがありません。その上、全て介護職の手で対応しなければなりませんから、介護職の負担がドンドン大きくなります。

■損害軽減策

未然に事故を防止するのではなく、「事故が起きてもケガをしないようにする」という対策です。たとえば､大転子部分にパッドの入った「ヒッププロテクター付きのパンツ」など、転倒しても骨折を防ぐことができれば防止対策としては効果があります。介護施設では防げない事故がたくさん起こりますから、事故は防げなくてもけがを防ぐことができれば、大変有効な対策になります。

このように事故防止対策には、3種類のやり方があるのですが、介護現場の対策は「②直前防止策」に集中しているので、介護職は忙しくなるばかりで事故防止効果が上がらないのです。労力を増やさず楽をして事故を防ぐためには、「①未然防止策」と「③損害軽減策」をどれくらい効果的に使えるかに全てがかかっているのです。

未然防止策の事例

－事故の根本原因を改善するとリスクが発生しなくなる－

●降圧剤フロセミドを他の薬に変えたら早朝の転倒がなくなった

Ｍさんは離床介助など早朝に転倒が多い利用者です。降圧剤や血糖降下剤による転倒が多く服薬を見直したほうがよいと聞いて、嘱託医に相談しました。Ｍさんは心疾患や浮腫がないので、降圧剤をカルシウム拮抗剤に変更したところ、早朝の転倒はほとんどなくなりました。

●大好きな将棋をしたら他の利用者と争わなくなった

ショートステイで毎回他の利用者とトラブルを起こすＳさん。息子さんから「昔から将棋が大好きで日曜日は一日中将棋盤に向かっていた」と聞きました。好きなことをしてもらえば、気分もまぎれるだろうと考えて、ショートの利用時居室に将棋盤と駒を置いておきました。Ｓさんは将棋に夢中になり、嘘のように暴力行為がなくなりました。

●車椅子で前かがみの姿勢を取ったらムセが激減した

Ｈさんは、食事中にムセが出るとしばらく止まらなくなり、誤えんするのではないかと心配になります。ある時、STのアドバイスで前かがみの姿勢を支える固いクッションを作り、車椅子の背もたれと背中の間に入れました。そうすると、Ｈさんは、ほとんどムセることなく食事ができるようになり、誤えん性肺炎のリスクも低下しました。

直前防止策の事例

－事故の発生危険の高いリスクポイントのみ見守りを強化する－

●毎日午後3時に「息子の飯を作る」と言って出ていこうとする

Ｊさんは、元気にあちこちを歩いている認知症のある女性利用者です。なぜか、午後３時頃になるとエントランスの辺りをウロウロして、ドアが開くと出ていこうとします。よく聞いてみると、「息子の晩飯を作らなければならないので買い物に行く」と言います。そこで、当番を決めて毎日３時頃だけＪさんの見守りを強化することにしました。

●食事を詰め込む利用者は食事中だけ見守りを強化する

認知症が重いＧさんは、食事中に食べ物を詰め込んでのどに詰まりそうになって苦しむことがあります。誤えんしそうになって、看護師と一緒にハイムリックや背部叩打法を施行したこともあります。食べ物を小分けにするなど工夫していますが、それでも危険なので食事介助の職員のそばで食事をしてもらい、いざという時すぐに対応できるようにしています。

損害軽減策の事例

－防止が困難な事故はケガをさせない（軽減する）工夫をする－

●居室のベッド脇に衝撃吸収性の高い薄いマットを敷いてみた

身体に障害のない比較的元気なＳさんは、認知症があるため夜中でも居室で立ち上がり転倒します。居室での転倒を防ぐことができませんから、最も転倒の危険が高いベッド脇の床に、厚さ6mmのヨガマットを貼り付けています。施設は「居室での転倒は防げないので、転倒時の骨折を防ぐ対策を講じています」と説明して、家族の理解を得ています。

●行方不明事故は防げないので捜索方法をマニュアル化して無事に保護している

歩行可能な認知症の利用者が施設から出て行かないように、見守ることには限界がありますし、セキュリティも完璧ではありません。防ぐことが難しい事故なので、いなくなったことに気付いたらすぐに万全の捜索を行って、迅速に保護できるようにマニュアルを作って備えています。今までに３名の認知症の利用者が行方不明になりましたが、マニュアル通りに対応して捜索することで翌日には発見することができました。

3－4　事故防止対策のマニュアル化

ヒヤリハットのケース検討を通じて、適切な事故防止対策を講じることができるようになると、事故防止対策には２種類あることに気づきます。１つ目はその利用者個別のリスクに対する対策で、適切な対策を講じればそれで終わりです。２つ目は、他の利用者にも共通するリスクや、業務手順に潜むリスクに対する事故防止策です。

これらの対策は、個別の防止対策で終わらせずに施設内で広く共有化することにより、多くの同種の事故防止に活かせれば大きな効果が期待できます。そして、この事故防止手法の共有化のためには、「マニュアル化（手順化）」が必要になります。

①どの施設でも使える「事故防止マニュアル」はあるか？

「事故防止マニュアルの雛形はありませんか？」「転倒防止マニュアルのモデルはありませんか？」と尋ねられることがあります。このように聞いてくる人のほとんどは、「他の施設で作った事故防止マニュアルを借りてきて自分の施設でも使おう」と、どの施設でも使えるマニュアルを期待しているのですが、残念ながらそのような魔法の杖はありません。

事故防止対策のマニュアル化とは「業務手順に安全チェックの手順をどのように組み込んだら、職員全員ができるようになるか工夫する」ことです。これを「業務安全マニュアル」と呼んでいます。業務手順は施設によって違いますから、どの施設にも合う事故防止マニュアルは作れません。

②安全確認手順には具体的なアクションが必要

また、この安全チェックの手順をどのようにマニュアル化するのかが大きな問題になります。たとえば、デイサービスの送迎時に利用者がドアに手を挟むという危険があります。この危険を回避するためには、安全確認の手順を送迎業務に組み入れればよいのですが、その安全確認手順が「気をつけてドアを閉める」では、手順（動作）になりません。「ドアを閉める時には、“ドアを閉めます”と大きな声で声かけして、ゆっくり閉める」という手順にすればよいのです。つまり具体的アクションのない事故防止対策は手順ではなく、ただの気合いになってしまうのです。

いろいろな施設の事故防止マニュアルを見せていただくと、「気をつけて○○する」「注意深く○○する」「慎重に○○する」という表現が頻繁に出てきます。「注意深く○○する」ためにどのような安全確認手順を行ったらよいかを明確にするのがマニュアル化です。

事故やヒヤリハットから引き出した防止対策をマニュアル化する

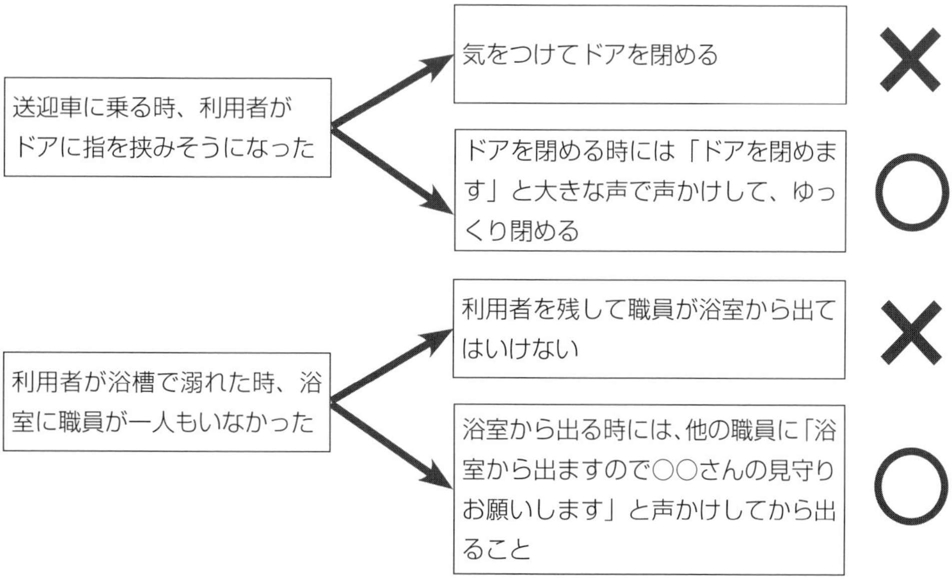

4 事故発生時の対応と事故後の家族対応

4－1　近年増加してきた事故後の家族トラブル、その理由は？

ここ数年、事故後に家族と大きなトラブルに発展する事例が増えてきました。市町村や国保連への苦情申し立てになったり、最悪の場合は訴訟になっています。事故防止に熱心に取り組んでいる施設でも、家族との事故トラブルは確実に増えています。なぜ、しっかり防止対策に取り組んでいるのに、事故が起きた後で家族とトラブルになるのでしょうか。

トラブルの原因は２つに大別されます。１つは事故発生時の対応が甘いことです。事故発生時の対応に対する家族の目は厳しく、細かい対応不備を突かれて施設が責任を問われることが少なくありません。たとえば、誤えん発生時には緊急対応をきちんと行ったのに救急車を呼んだのが15分後であったことで過失を問われたケース、誤薬発生後に経過観察をしていたら急変して死亡し、看護師が刑事告訴されたケースなど施設にとっては厳しい事例が発生しています。

２つ目の理由は、事故後の家族対応が不適切なために、家族が不満を募らせ感情的になって役所への通報や訴訟などに発展するケースです。足の傷を不審に思った家族が調査すべきと施設長に訴えたのに取り合わなかったために市に虐待通報をされたケース、誤えん事故で死亡した利用者の家族が調査報告書を要求してきたのに対応せず訴訟に発展したケースなど極めて大きなトラブルに発展します。

これらの事故後の家族トラブルを防止するためには、どうしたらよいのでしょうか。まず、家族が納得するように事故対応マニュアルの内容を見直さなければなりません。次に、事故後のトラブルに備えて、事故後の家族対応の備え、つまり事故後の家族対応マニュアルを作らなければなりません。

4－2　事故発生時の対応マニュアルの見直し

事故発生時の対応マニュアル（事故対応マニュアル）はどのような点を見直せばよいでしょうか。事故発生時の対応が不適切で家族とトラブルになった事例をいくつか挙げてみましょう。

事例■夜中に転倒し翌朝受診したが受診中に意識不明に

老健で夜中に居室で転倒しているところが発見されたAさん。看護師は家族に連絡し、翌朝整形を受診しました。すると、診察中に突然Aさんは意識不明に。医師は側頭部の外傷を指摘して、「頭部を強打しているのですぐに救急搬送」と指示しました。幸い、Aさんは硬膜下血腫で命はとりとめましたが、娘さんは「どのように転んだの？」「なぜすぐに受診させなかったの？」「どのように経過を観察したの？」「記録は？」と、相談員に詰め寄りました。相談員は何一つ答えることができませんでした。

事例■誤えん死亡事故の事故発生時の対応に納得しない家族

ある施設の食事介助中に誤えん事故が起こりました。利用者が急にムセて苦しみ始めたため、職員はタッピングに続いてハイムリックを施行しました。それでも回復しないので、看護師を呼んで吸引を要請し、看護師はすぐに吸引器で吸引を開始しました。少量の食べ物が吸引されましたが、呼吸が回復しないので看護師は救急車を要請しました。結局、職員の救命対応の努力にもかかわらず、利用者は救急搬送先の病院で亡くなりました。施設では偶発的な事故であり、事故発生時にも万全の措置を尽くしたと家族に説明しました。ところが、救急車要請が誤えん発生から15分後であったことを知った娘さんは、施設の過失であるとして賠償請求してきました。

事例■誤薬事故後に経過観察中に急変して死亡

ある特養ホームのショートステイの朝食後の服薬時に、利用者の取り違えによる誤薬事故が発生しました。利用者Tさんは自らの薬を服薬した上に、同じ姓の利用者Yさんの薬を誤って飲まされたのです。誤薬した看護師は家族連絡をすることもなく、Tさんの身体に重大な影響はないものと判断し、経過観察の対応としました。しかし、経過観察中にTさんは意識不明となり、病院に救急搬送され、そのまま病院で亡くなりました。家族は看護師を業務上過失致死の疑いで刑事告発しました。誤って飲まされた薬は血糖降下剤で、本人は血栓予防薬を飲んでいました。

事例■行方不明に気付いたがすぐに捜索せず死亡、訴訟へ！

セキュリティが完璧と自慢するある老人保健施設。この老健のショートステイを利用した認知症があるBさんは初日から「家に帰るぞ」とつぶやいていました。午前0時に職員が訪室すると居室にBさんがいません。職員は朝6時まで施設内を捜索しましたが発見できず、朝8時に施設から200m離れた林の中で遺体で発見されました。死因は凍死、死亡推定時刻は午前2時半でした。家族は「なぜすぐに捜索しなかったのか？」と激怒して訴訟を起こしました。

■見直しのポイント１ ― 転倒転落事故発生時の対応

施設で起きる転倒・転落事故の半数以上が、正確な事故状況が判明しない事故です。本人に認知症があって目撃者がいなければ、どのようにして転倒・転落したのかは把握しようがありません。このようなケースで、事故状況の推定を誤って受診せず経過観察と判断すると、事例のように「実は頭部を強打していた」ということになります。

そこで、次の「転倒転落事故の対応」の「事故状況検証」と「経過観察方法」を見直しました。

① **容態確認**：看護師を呼び「痛みの有無」「受傷部位」「バイタル値」などを確認し記録する。

② **事故状況検証**：介護職と看護師で発見時の状況を記録し、事故状況（事故に至った経過）を推定する。認知症の利用者に対しても状況を聞き記録する。

③ **受診判断**：腫脹、痛み、可動域、バイタルを確認して、看護師が受診の必要性を判断する。ただし、認知症の利用者については痛みの訴えがないものとして判断。顔面などに打ち身があれば頭部打撲があったと判断する。

④ **家族連絡**：家族連絡の上、受診判断とその根拠を説明して了解を得る。夜間の連絡の必要性は個別家族ごとに取り決めるが、基本は全ての事故で連絡を入れる方向で調整する。

⑤ **経過観察方法**：受診せず経過観察とした場合、何時間おきに何を観察し記録するのかルール化する。体温、血圧などのバイタル値の他に、表情や呼吸の変化についてていねいに観察し記録する。

⑥ **容態変化時の受診判断**：経過観察中の容態変化や訴えによる受診判断のルールを決める。

⑦ **事故状況の再検証**：事故の目撃者や衝撃音を聞いた利用者などを再度チェックし、事故状況を再検証する。

■見直しのポイント２ ― 誤えん事故発生時の対応

誤えんが発生した時の対応を以下のように考えている介護職がいます。

「誤えんを発見したらすぐにタッピングやハイムリックなどの異物除去の対処を行い、効果がなければ看護師を呼んで吸引を施行する。看護師は吸引を施行して効果がなければ救急車の要請を行う」

しかし、介護職や看護師の救命対応の効果があるとは限りませんから、事例のようなケースでは死んでしまいます。

誤えん事故の対応で最も重要なことは、迅速な救急車の要請です。誤えん発生から7分以内に救急車を要請しなくてはなりません。職員の救命対応によって救急車要請の時間が遅れれば、死亡の危険が高くなるだけなのです。ですから、マニュアルは次のように直さなければなりません。

① 介護職が誤えんの発生に気付いたら、迅速に看護師を呼んで吸引を要請する。
② 介護職は看護師が吸引機を持ってきて吸引を開始するまでタッピングやハイムリックなどの救命対応を行う。
③ 看護師は吸引を開始する時に救急車の要請を行い、救急車到着まで吸引を施行する。
④ 救急車の要請は誤えん発生から7分以内を基準とする。

■見直しのポイント3 ― 誤薬事故発生時の対応

誤薬事故は、本人の薬の飲み間違いと他人の薬を飲んでしまう取り違いの誤薬の2種類に区別されます。前者は生命に危険がほとんどありませんが、後者は生命の危険がありますから、取り違いの誤薬の場合は即受診として経過観察は禁止しなければなりません。

誤薬事故発生後に、利用者の身体には重大な影響はないものと判断して経過観察対応とするケースが大変多いのですが、これらの対応は重大な過失になります。もし経過観察中に急変してその後死亡すると、経過観察と判断をした看護師が業務上過失致死で刑事告発されるかもしれません。

刑事告発されて、裁判となればほぼ確実に有罪になります。なぜなら、「身体に重大な影響がない」と判断することは医学上の診断に該当するので、医師免許をもっている医師だけが判断できることだからです。

デイやショートステイでかかりつけ医に連絡をして、受診したいと申し出た時、医師から「しばらく安静にして経過を診てください」と言われても、そのままにしてはいけません。念のために家族に電話を入れて誤薬事故の謝罪をして「かかりつけの先生に受診したいと言ったところ、“様子を見てください”と言われましたが、ご心配でしたら受診します」と言って、家族の確認をとりましょう。

■見直しのポイント4 ― 行方不明事故発生時の対応

認知症の利用者が施設を抜け出してしまう“行方不明事故”は、見守りを強化してもセキュリティを強化しても完全に防ぐことはできません。対応手段としては、行方不明に気づいた時に万全の捜索をして、事故に遭遇する前に無事に保護するしかないのです。行方不明発生時の対応をマニュアル化して、迅速な発見に努めなければなりません。マニュアルのポイントは何といっても初動対応です。所在不明に気付いた時、施設内の捜索は短時間で済ませて施設外の捜索手配に迅速にあたる必要があります。

■行方不明発生時の捜索方法のポイント

① 施設内の捜索は15分以内

「あれ、○○さんどこ行ったのかしら？　誰かトイレ見て来て」と所在不明に気付いた時から、15分以内で施設内の捜索はいったん打ち切ります。すぐに家族に連絡を入れて謝罪し、家族の了解を得て警察に捜索願を出します。

② 交通機関への手配

鉄道・バスなどの交通機関に連絡して協力を仰ぎますが、タクシー会社への協力依頼が重要です。あらかじめタクシー会社のリストを作成しておき、電話番号とFAX番号の一覧を作っておきましょう。タクシー会社に連絡を入れて協力を依頼しますが、この時重要なことは「写真をFAXで送りますのでドライバーさんにお渡しいただけませんか」と言って、写真を送ることです（もちろん、家族の了解は必要です）。

③ 周辺地域への捜索チラシ配布

交通機関への手配が終わったら、周辺地域に顔写真入りの捜索チラシを配布して協力を依頼します（家族の了解をとります）。ただし、民家にチラシをポスティングするのでは効果が少ないので、周辺の事業所にチラシを持ち込み次のように依頼します。「当施設の認知症の利用者が行方不明になってしまいましたので、従業員さんにこのチラシをご配布いただけないでしょうか」と。周辺地域の事業所の従業員さんが、仕事で外回りをする時や会社の通勤時に、発見してくれるかもしれません。

4－3　事故後の家族トラブル防止

事故をめぐる家族トラブルは、事故後の施設側の家族対応の方法に問題があります。事故が原因で市町村に出された苦情申立書を分析すると、施設側の家族対応の問題点は次の２つに分かれます。

■最低限の家族への対応がまったくできていない

骨折事故で入院し手術が必要という事故なのに、家族が言い出さなければ施設側から事故の過失等について一切説明しないという施設がまだあります。措置の時代ではありませんから、このような対応で黙っている家族はいません。事故後に家族に説明すべきことを事前に決めておいて、少なくとも1週間以内に説明が必要です。事故後の標準的な家族対応の方法を示しますのでチェックしてください。

① 家族連絡

受診の前に家族連絡を行い、受診の了解を得ます（発生時の対処参照）。この連絡では本人の状態と受診への判断のみになります。詳しい事故報告は受診後に行う旨、言い添えるとよいでしょう。

② 施設内事故報告（速報）

現場で事故の対処に関わった職員から、相談員やケアマネジャーが事故報告を受けます。ここでの報告は口頭でよいので、相談員など家族対応者が受診後に家族に説明する内容を報告します。どのような事故が起きて、どう対処したかを時間などの記録も添えて詳しく報告します。

③ 事故直後の家族への説明

骨折のような入院を要する事故の場合、相談員だけでなく施設責任者も病院へ行き、家族への報告に立ち会います。現場職員からの報告に基づき、事故の状況と施設の対応状況を説明します。また、今後事故原因や施設の過失などの、事故の詳細説明をいつ行うかを家族に約束します。事故後1週間～10日間程度が限度。

④ 事故状況の調査

施設長は現場介護職に対して、以下の項目を調査し報告をさせます。報告期限の目安は事故後5日程度〈現場に指示する調査項目（家族への詳細説明に必要）〉。

・事故前の利用者の様子

・事故の発生状況

・事故発生時の対応

・事故原因

・再発防止策

※事故状況が不明な場合は、利用者の生活状況や動作状況から事故状況を推測し、その推測を元に事故原因究明や再発防止策の検討を行います。「事故状況が不明なので、原因も再発防止策もなし」という報告は不可です。

⑤ 利用者の生活復帰に対する協力

家族が病院に来る前に医師やケアマネジャーと相談し、どのような治療方法でどのようにご本人に対応することが、本人の生活復帰に対して一番よい方法なのかを話し合っておくとよいでしょう。

家族の「不満足」は事故発生の原因よりも、「利用者がけがをして今後どうなるのか？」という不安のほうが大きいので、不安の解決に対して、前向きな姿勢で臨んでいることが大変重要です。この利用者本位の対応姿勢に対して家族が満足すると、事故原因やその対処に対する不満は薄らぎます（「骨折してしまったのだから、もう施設の領分ではない、後は医者任せ」は、著しく無責任な印象を与えます）。

⑥ 法的責任（賠償責任）の判断

現場からの事故の詳細報告に基づき、施設の過失について検討します。責任判断が難しい場合は、弁護士などの専門家のアドバイスを仰ぎます。施設の法的な責任についての説明は家族説明に欠かせません。弁護士に相談した時には弁護士の氏名も伝えます。

⑦ 家族説明の内容

施設としての正式な事故に関する説明は、事故後１週間以内に行います。当然、施設長が利用者の自宅を訪ねて行うのが適切な対応です。説明に必要な項目は次の通りです（お詫びから話に入るのは当然です）。

●利用者の容態・治癒見込みの報告と今後の利用者への施設の対応姿勢

利用者のけがの治癒見込みや生活復帰への見込みと、これらに対する施設としてできることを説明します。また、今後もできる限りのことをさせてもらう旨約束し、施設としてどのような協力ができるかを具体的に示します。家族が感じている利用者の将来への不安を取り除くために何をしたらよいかをよく考え提案します。これは「現在家族が直面している不都合・不安への対応」ですから、施設がいかに熱意をもって対応するかによって、その後の家族の印象が違ってきます。

●事故状況の把握

事故状況の詳細を把握して報告します。事故発見者が事故後に把握した内容のみでは不十分です。事故前の利用者の生活の様子、事故発生時の様子について複数の職員の意見などが必要です。目撃者がいない場合でも、「どのようにきちんと『調べる努力』をしたか？」の説明が必要。「日頃いかに利用者をよく見ているか？」「事故状況の調査努力をしたか？」の２点が家族からの評価のポイントになるでしょう。

●事故原因の把握と再発防止策

事故原因が必ず究明できるとは限りませんが、究明の努力をどの程度したのかは重要です。また、再発防止策も「今後介護動作を注意深く行う」などという抽象的な表現は好ましくありません。具体的にどのように注意するのか、「お父様の移乗介助は今後必ず２人の職員で行うこととしました」など、今までと仕組みを変えましたという具体的な内容が必要です。つまり、再発防止策が具体的でないと、家族は納得しません。

また、事故状況が不明な場合でも状況の推定をもとに対策を講じて、具体的に説明をしましょう。「詳しい事故状況が判明しませんので正確なことは申し上げられませんが、施設としては「○○○○○」のような事故状況である可能性が高いと考えます。そこで、再発防止のため「○○○○○○」のような対策を打ちました。これで、100％事故が防げるという保証はありませんが、引き続き○○さんの生活の様子を拝見しつつ、必要な安全対策を考えていきます」つまり、家族が希望しているのは、事故状況の説明よりも、再発防止に対するプロとしての努力であり、施設の責任ある対処姿勢なのです。

●法的な責任について

事故状況や原因から専門家を交えて施設の法的責任（損害賠償責任）について話し合い、施設内の書類を作成します。弁護士などのアドバイスを得た場合には、弁護士の氏名も明記します。この書類をもとにわかりやすく説明し、理解を求めます。家族が施設の法的責任の判断に納得できない場合は、「そちらでも専門家にご相談されてはいかがでしょうか」と勧めるとよいでしょう。

■トラブルにつながりやすい事故への対応が場当たり的

介護現場で起きる事故の中には「もともと家族トラブルにつながりやすい」という事故がたくさんあります。たとえば、要介護度５でほとんど寝たきりの利用者の左上腕骨の骨折が発見されました。いつ骨折したのかはわかりません。家族は何と言うでしょうか？　「自分で動けないお母さんが骨折するなんておかしい。介護職員が介助する時に骨折させたに違いない。誰が骨折させたのか調べて謝罪させなさい」と言うかもしれません。しかし、職員に聞き取り調査をしてもいつ誰が骨折させたかは判明しないでしょうから、家族とトラブルになるのは必至です。

このように、介護現場には「もともとトラブルになりやすい事故」があるのです。事故が起きて家族から強く抗議されてから対応したのでは遅いのです。事前にどのように家族に対応したらトラブルを避けられるのか、対応方法を考えてルール化しておきましょう。

家族トラブルの事例を紹介します。どのような家族対応をすればトラブルを避けられるか検討してみてください。

家族トラブルの事例

- 要介護度5でほとんど寝たきりの利用者の左上腕骨の骨折が発見された。いつ骨折したのかわからない。家族は「介護職員が骨折させたのだろう、調査しろ」と強く言ってきた。

- 転倒骨折事故が起きて「施設には過失がない」と説明した。キーパーソンである妻は納得してくれたが、息子さんが強硬に施設の過失を主張してきた。

- 移乗介助中に転落させて意識不明で救急搬送となった。病院に駆けつけてきた家族に相談員が事故の説明をすると「こんな事故を起こして施設長がなぜ来ないんだ」と怒り出した。

- 利用者が夜間に転倒し、翌朝受診のために家族が来所した。ところが家族が居室に行くと利用者が居室にいない。PT がリハに連れて行ったことがわかり、強く抗議された。

- 寝たきりの利用者の腕に内出血が見つかり、息子さんは「虐待かもしれないから調査してくれ」と言う。施設長が「虐待などない」と調査を断ったため、市への苦情申立となった。

- 誤えん事故で利用者が救急搬送され、病院に駆けつけた家族から施設の責任を厳しく追及された。施設長は「不可抗力で施設の過失ではない」と断言して後に訴訟になった。

- 認知症のない利用者の暴力を理由にデイの利用を断ったら、息子が証拠を見せろと言う。記録には「暴力的な行為」と書かれており、「証拠にならない」と市に苦情申し立てをされた。

5 家族にリスクを共有してもらう取り組み

1－5「どのように説明したら家族はリスクを受け入れてくれるのか？」の項で説明した通り、防げない事故については家族にリスクを受け入れてもらう取り組みをしなければなりません。防げないような事故なのに、家族が「きっと防いでくれる」と考えれば、事故が起きた時に「なぜ防げなかったのか？」と責任を追及され、事故後に家族とトラブルになってしまうからです。

しかし、「防げない事故なのでご理解ください」と説明しても簡単には理解してもらえません。防げないような事故について説明する時には必ず具体的な防止対策とセットで説明するのがコツです。「お母様は居室での転倒の危険が高いのですが、見守りでは防げませんから骨折の防止対策が合わせて必要になります」とできる事故防止対策を説明すれば理解を得やすいのです。

さらに防げない事故への認識を深めてもらう最も効果的な方法は、家族にも事故防止に協力してもらうことです。事故を防ぐためには家族の協力が必要なことを説明して、家族にも事故防止の役割に担ってもらうのです。家族に事故防止に対する役割をお願いして、成功した事例を紹介しますので参考にしてください。

事例■息子の説得を聞き入れない母親

認知症のない利用者が居室でポータブルトイレを使おうとして転落してしまいました。介護職は「ポータブルトイレを使う時にはナースコールを鳴らしてください」とお願いするのですが、聞き入れず自分で使ってしまいます。介護職は息子さんに「お母様にナースコールを鳴らすように説得してもらえませんか」と事故防止への協力を依頼しました。息子さんは一生懸命母親を説得しましたが、母親は頑なに受け入れません。息子さんは介護職に「私が説得しても母は従ってくれません」とグチを言いました。その後、ポータブルトイレから転倒して骨折した時、息子さんは「コールを鳴らしてくれないのだから仕方ありませんよね」と言いました。

息子さんにも事故防止のための協力を依頼したことで、息子さんは介護職の事故防止仲間になっていたので、「どうして骨折させた！」などと施設を責める訳にはいかなかったのです。このように少しでも家族に事故防止対策の役割を担ってもらうことで、事故発生時の家族トラブルを防ぐことができます。

事例■転倒事故の骨折防止対策を家族にも協力してもらう施設

転倒事故による骨折防止のために、居室の床に衝撃吸収マットを貼り付けている施設（P.45 損害軽減策参照）では、居室での転倒が防げないことを家族に伝えると同時に、家族にも事故防止に協力を依頼しています。職員は家族に次のように説明して、居室での転倒は防げないことを伝えています。

「お母様が居室で転倒されてもこれを防ぐことが困難なのです。職員が常時居室で見守りをすることはできないからです。そこで私どもでは、このような特殊な衝撃吸収マットを床に敷いて転倒しても骨折をしないような対策を講じています」と。

さらに次のように話して家族にも骨折防止対策への協力を呼びかけました。

「大転子のところに衝撃吸収パッドが入った、“ヒッププロテクター付きのパンツ”が市販されています。ご家族でご購入いただいてお母様に履いていただければ、衝撃吸収力が2倍になりますから、もっと骨折を防げると思います」。すると、ほとんどの家族がヒッププロテクター付きのパンツを購入して、骨折防止対策に協力してくれました。

マットとパンツで2倍の衝撃吸収になったからと言って、もちろん全ての骨折を防げるわけではありませんから、骨折してしまうケースもありました。利用者が骨折した時、家族は施設に対して「仕方ありませんよね、これだけやったのだから」と言いました。家族を味方につければ事故後のトラブルも防げるのです。

事例■居宅での出来事が原因でデイでの事故につながる

デイサービスに到着した利用者が送迎車から降りるとすぐに転倒して骨折してしまいました。いつもは、独歩でしっかり歩けるのに、この日だけは送迎車から降りて歩き出す際に、明らかにふらつきが見られました。家族に連絡を入れると、「昨日家で転んで足に痛みがあってふらつきがあるから、今日は歩かせないでくれと連絡帳に書いたじゃないか」と怒っています。しかし、送迎車から降りる時点では職員は連絡帳を読んでいないので、そのような気遣いをすることは不可能です。

デイサービスの利用者は居宅でアクシデントが起こるかもしれませんが、これを全てデイサービスが把握して来所時に個別に配慮することは不可能です。そこで、このデイサービスは家族に対してチラシを作成して協力を呼びかけました。曰く「居宅でのアクシデントなどが原因でデイサービスでふらつき転倒することもあります。このような事故につながるような出来事が起きたら、必ずデイサービスあてに連絡をください」というメッセージを送ったのです。

それ以来、「昨日孫が来て大騒ぎをしたので疲れてしまった。今日は少しゆっくり過ごさせてほしい」など、居宅での出来事を知らせてくれるようになりました。

事例■転倒しやすい薬の一覧表を家族に渡して説明した相談員

あるショートステイの相談員は、「絶対に転倒させないでほしい」など、事故防止に対して無理な要求をしてくる家族が増えて悩んでいました。当然、転倒事故が起きれば「なぜ転倒させたんだ、あれほどお願いしたのに」と文句を言われます。

ある時相談員は、事故防止の研修会で「転倒の原因となる服薬の一覧表」を手に入れました。しかし、ショートステイは入所施設と異なり、施設主導で服薬の見直しなど絶対にできませんから、「入所施設なら自分も取り組んでみるのに……」と思っていました。ある日、少し要求の高い娘さんから利用前に「転倒して骨折したら困るのでよく見守ってほしい」と言われました。この時、相談員はハッと気付いて、“転倒の原因となる服薬一覧表”を娘さんに見せて、次のように話しました。

「転倒させないでほしいというお気持ちはよくわかります。しかし、お母様は転倒しやすくなる薬を２つも飲んでらっしゃいます。こちらをご覧ください」と、利用者の服用している薬を指摘しました。「娘さんからかかりつけ医の先生にお願いして、服薬の見直しをしていただいてはどうでしょうか。職員の見守りによる転倒防止策よりももっと効果があるかもしれません」と伝えたのです。娘さんは「え？　転倒しやすくなる薬があるんですか。母は２つも飲んでるのですか」と驚きました。それ以来、娘さんからの「転倒させないで」という要求はなくなりました。

施設の事故を防ぐのは施設の責任と家族は考えがちですが、そうではありません。家族にしかできない役割もあるのです。

事故防止についての知識も家族と共有して、事故防止仲間になってもらいましょう。

ご利用者・ご家族のみなさまへ

転倒事故の原因となる処方薬にご注意ください！

厚生労働省の研究事業や日本老年医学会によれば、高齢者の転倒事故や誤えん事故が服薬の影響によって起きていると指摘されています。転倒事故は寝たきりになるなど高齢者の生活に障害をもたらし、誤えん事故は生命の危険に直結する事故です。できる限り副作用の少ない薬を服用することで、転倒の危険を少しでも減らすことができます。お医者様にご相談の上、転倒や誤えん事故の防止にご協力いただきたくお願いいたします。

こんな薬を飲んでいたらチェックしてもらいましょう

■転倒の危険につながる主な処方薬

薬の種類		転倒のリスクを高める副作用	主な薬名
血圧降下剤	Ca 拮抗薬	失神、起立性低血圧、めまい	ノルバスク、アムロジン、アダラート
	α遮断薬	失神、起立性低血圧、めまい	ミニプレス、カルデナリン
	β遮断薬	失神、起立性低血圧、めまい	インデラル、セロケン、テノーミン
	ACE 阻害薬	失神、起立性低血圧、めまい	カプトプリル、レニベース
	ループ利尿薬	失神、起立性低血圧、めまい	ダイアート、ルプラック、ラシックス
血糖降下剤		めまい、ふらつき	メトグルコ、グリペンクラミド
抗認知症薬		めまい、ふらつき	アリセプト
筋弛緩薬		脱力、筋緊張低下	アロフト、ミオナール、エスラックス
抗うつ薬		眠気、ふらつき、集中力・注意力低下、めまい	デプロメール、パキシル、トレドミン、サインバルタ
抗精神病薬		ふらつき、注意力低下、失神、起立性低血圧、めまい	リスパダール、セロクエル、ジプレキサ
抗パーキンソン薬		せん妄	アキネトン、カルコーパ、トリヘキシン
ベンゾジアゼピン系抗不安薬・睡眠薬		脱力、筋緊張低下、眠気、ふらつき、集中力・注意力低下	デパス、レキソタン、セルシン、エリスパン
		脱力、筋緊張低下、眠気、ふらつき、集中力・注意力低下	ロヒプノール、ベンザリン、エリミン、ダルメート

※上記の薬が全ての利用者に副作用を生じさせるわけではありません。
※上記の薬を服用していても直ちに中止せず、必ずかかりつけの医師にご相談下さい。

■参考文献
「高齢者が気を付けたい多すぎる薬と副作用」日本老年医学会・日本老年薬学会
「かかりつけ医のための BPSD に対応する向精神薬使用ガイドライン」厚生労働省
「高齢者の安全な薬物療法ガイドライン 2015（日本老年医学会）
「高齢者において疾患・病態によらず一般に使用を避けることが望ましい薬剤」国立保健医療科学院

私たち職員は利用者様の転倒防止の取り組んでいます

特別養護老人ホーム○○苑

担当　○○　TEL

第2部

安全で安心な介護技術

1．安全な介護とはどんな介護？

■安全な介護とは「利用者本位のよい介護」のこと

2003年、あいおい損害保険株式会社（以下、「あいおい損保」）より「安全な介護技術の実践」というテーマの研修を依頼されました。実はそれまで“安全な”というタイトルのついた技術講習というのは、まったくやったことがありませんでした。私たち（生活とリハビリ研究所）は、利用者が主体となった自立支援の介護を提供しようと、現場でさまざまな工夫をしてきました。私たちが求める「よい介護」と「安全な介護」はどんな関係にあるのだろう？…という疑問が生まれました。「質は低いけれど安全な介護ってあるのかしら？」「逆に、質が高いけれど危険な介護ってあるのだろうか？」と。危険な介護は質が高いとはいえないから、「質が高いけれど危険な介護」はあり得ない。でも、「満足度は低いけれど、ただけがをさせないだけの安全な介護」なんてありそう。

そんなことを考えていた時、山田滋さんのセミナーを聞きに行きました。「どのように安全な介護を実現するか」の手法を詳しくお聞きして、びっくりしました。「安全な介護とは、利用者の個別性に着目すること」「安全な介護とは、利用者の立場でものを考えること」「安全な介護とは、利用者の意思と無関係な介護者中心の作業ではなく、利用者の生活意思のある行為を援助すること」と話されました。すべて、私たちが目指している介護のやり方と同じだったのです。

つまり、安全な介護というのは、よい介護そのものだということに気づきました。「もし事故を予防しようとすれば、よい介護をすればよいし、よい介護をしていれば事故は予防できる」と今は確信しています。

山田さんはこうも言いました。「質は低いけれど安全なだけの介護なんてないですよ。けがをさせないために、利用者の生活動作を規制するとけがは増えるんです。生活動作能力が衰えて、ちょっとしたはずみでけがをするようになりますよ」と。

2．よい介護（安全な介護）の基本的な考え方

■私の介護の原点は老人病院から

私が提案する「よい介護（安全な介護）」の原点は老人病院での経験の中にあります。私は老人病院に就職してはじめて介護という仕事があることを知りました。そして、「よい介護」と「悪い介護」があることに気づくようになりました。「よい介護」とはどのようなものか

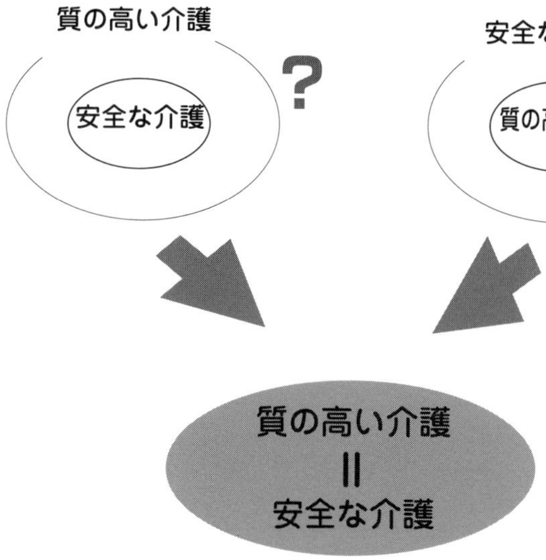

を教えてくださったのは、入院されていたお年寄りです。

【Aさんの場合】

Ａさんの食事の介助をしながら、「もっと食べないと元気になれませんよ！」と声をかけた時のことです。Ａさんは「元気になったらどうなるんだい？　どんないいことがあるんだい？」と言われました。私は、『ああ、浅はかなことを言ってしまった』と思いました。当時、入院されているほとんどの人は社会的入院でした。帰る家はすでになく、元気になっても喜んでくれる人もいない。多くの人が最期を病院で迎えるという現実があったのです。

【Bさんの場合】

Ｂさんのオムツを替えている時、こう言われました。「ありがとね。でも、こんなに“人にしてもらうこと”ばかりになったら、早く死んだほうが楽だね」と。介護は「してあげるもの」だと思っていました。「援助を受けることばかり」になり、「ありがとう」を言わなければ生きていけないことのつらさに思い至らなかったのです。

【Cさんの場合】

Ｃさんの場合はクリスマス会のあとでした。車いすを押しながら、私はＣさんに「今日は楽しかったですね」と声をかけました。Ｃさんはこう言いました。「こんなに特別なことをしてくれなくてもいいから、人間に扱ってもらいたい」と。寝たままベッドで食事をさせ、ベッドで排泄をさせて、機械でお風呂に入れることを“仕方ないことだ”と思っていました。でも、そう思うこと自体が人間らしさを奪っていることに気づきませんでした。

そこで、デイサービス（生活リハビリクラブ）を始める時、この老人病院で学んだことを活かしたいと思いました。人が元気になるためには、毎日出かけて行くところがあり、出かけていった先には居場所（役割や立場）があること。そして待っていてくれる人や必要としてくれる人がいて、その仲間とともに喜怒哀楽を分かち合うことができる。してもらうばかりでなく、する側になることもできる。つまり、支え合ったり、助け合ったりの相互的で共感的な人間関係が必要なのだから、そのための場としてのデイサービスをやろうと思いました。

それでは、誰に来ていただいたらよいだろう？……障害の重い人、寝たきりやチューブを入れている人、呆けがあって問題行動がたくさんある人に来てもらいたい……と考えました。なぜなら、そういう人こそ『最期まで人間らしくありたい』と願っても、自分だけではどうにもならず、助けを必要としているはずだと思ったからです。

そして、デイサービスでは「普通のこと」「当たり前のこと」をすることにしました。たとえば、「おいしく食事をするために必要なことはなんだろう？」「どういう時、私たちはおいしいと感じるだろうか？」と自問自答することから始めました。普通に考えれば、第一条件はお腹がすいていることだとわかります。でも、寝たきりの人は朝から晩まで動く機会も外気に当たる機会もなく、お腹がすくことがありません。それなのに私たちは、朝だから、昼だから、晩だから食べなさいと言う。「もっと食べて元気になりましょう。がんばってね」なんて言っていました。振り返ると、普通にするというのは、お腹がすく生活づくりから始めていくことだということに気づきます。「普通の生活、当たり前のことって何だろう？」「人間だったらどうするだろう？」と考えながら、一つひとつ具体化するための工夫をしていきました。

動作への介助についても、「私たちは日常生活の中でどうやって動いているのだろうか？」と意識しながら観察して、それを介助に活かしました。そうしているうちに、病院では「これ以上よくならない」と言われていた人たちが、元気になってきました。ご家族も元気になっていきました。同時に介助もらくに。そして、最初は驚きだったことが、自信になり確信になりました。「特別なことではなく“普通”のことをすればいい。その“普通”のことのために工夫することが“介護”なんだ」と。

何気なくやっていることには、実は意味がある。無意識にやっている動作や行為こそ、普遍性があって生理学にかなったことなのではないでしょうか。これは、「食事・排泄・入浴」など行為の方法だけでなく、「寝返りする・起き上がる・座る・立つ・移乗する・移動する」という動作にもまったく同じことがいえると思います。

ですから、本書で提案する行為や動作への介助方法は、特別な方法ではありません。「日常、私たちはどうやっているの？」という、自立した行為・動作の方法を確認することが出発点です。

■よい介護（安全な介護）を形作る３つの要素

よい介護には次の３つの要素が必要です。

① 生理学に基づいた知識・技術
②人間やその個人に対する畏敬の念
③ 自立支援（その人のもっている力を活かす）の考え方

①生理学に基づいた知識・技術

安全に適切な介護をするためには、「人の身体の仕組みに合った介護の技術や知識」をもっていることが重要です。私たちの日常生活動作や行為の仕組みは、効率的に無理なく行えるよう合理的にできています。この仕組みを理解して利用者に無理のない動作や行為を行っていただき、これらを適切に介助することが必要です。この知識や技術は知っているだけでは意味がありません。利用者の主体的な動作や生活のために活かしてはじめて役に立ちます。

②人間やその個人に対する畏敬の念

「個別ケア」といわれてからずいぶん経ちますが、「利用者の個別性に注目して個別のケアプランを立てる」ということが、その人の「症状や身体機能の個別性」と受け取られているように思えます。けれども、私たちはその人の生活全体を支えようとするわけですから、身体的な個別性だけではなく、その人の内面や過ごしてきた歴史の個別性にも目を向け、耳を傾けたいのです。

目の前にいるその人が、かけがえのない身体と人生と歴史をもっていると気づいたなら、自分たちの都合や組織の都合に合わせて、介護しよう、管理しよう、指導しようなどと思わないはずです。そこから本当の個別ケアが始まるのではないでしょうか。

③自立支援（その人のもっている力を活かす）の考え方

身体機能的に自立するか（したか）ではなく、今その人が主体的な生活行為や動作ができるように私たちが関わっているか、ということです。

ここでいうもっている力とは、身体能力や知的能力だけでなく、長年の人生の中で培った経験や知恵、自分らしく生きたい、人間らしく在りたいと願う気持ちも「その人のもっている力」なのだと思います。

また、動こうとしたり、何かをしようとしたりする時の意思や意欲もその人の力です。自分の意思に関わりなく他人に動かされている受身的な状態は、らくなように見えてじつは不安なものです。逆に、目的があって自分で動くという主体的な状態には安心があり、自分の力を上手に発揮することができます。つまり、その人のもっている力を活かす自立支援の介護をしようとするならば、まずは本人が“その気になる”働きかけを忘れずに、ということです。

■よい介護（安全な介護）に必要な力

お年寄りの主体的な生活を作り出すために、自らの知識・技術や、自らの存在そのものを媒介にしよう、というのが介護の考え方です。自らを媒介にするためには、２つの「ソウゾウ力」が必要です。

①創造力⇒工夫する力
②想像力⇒共感する力

①創造力

世の中にはマニュアル本、ハウツー本はたくさんありますが、目の前のＡさんを元気にする方法が書いてある本はありません。原理原則を土台にしながら、Ａさんを元気にする方法は私たちが創り出すことになります。また、たとえば在宅で入浴介助をする場合には、施設にあるような設備や用具、介助スペース、人手があるとは限りません。今ある条件の中で、介助法を工夫したり、あるもので代用したりするなどの工夫が必要になります。これが創造力です。

この「創る」ということで大切なことは、あきらめずに工夫を重ねる（懲りずにトライする）ことです。その人にとって最適な方法がはじめから見つかるはずはありませんから、やってみて、「もっとよい方法が他にないか」と考え、次の工夫につなげることです。他の人の工夫や意見を取り入れることや、発想の転換をすることも必要です。そして一番大切なことは、「苦労したり遠回りした分、おもしろいし、うれしいはずだ」と信じることだと思います。

②想像力

想像力とは、目に見えないものを見ようとする力、言葉にならない思いを聴こうとする力です。人は思ったとおりを言葉にするとは限りません。たとえば、食べたいのに「食べたくない」、行きたいのに「行きたくない」と言ったり、その逆もあります。お年寄りや障害をもっている人でも、「食べたくない」「風呂に入らなくても死にはせん」「一人でかまわないから、放っておいてくれ」「死にたい」と言われることがあります。しかし、素直に「はい、そうですか」と言うわけにはいきません。その人がどんな状況でどんな思いで言っているのだろうか？　と想像する力が私たちに乏しければ、思いを汲み取ることができなくなってしまいます。

同じように認知症があると問題行動、異常行動を起こすと思われていますが、多くの場合、原因やきっかけがあります。「きっとSOSに違いない」と想像してみることが解決のための第一歩だと思います。

3. 自立支援の介護の考え方

■自立した生活を支える２つの条件・４つの要素

私たちは通常ほぼ自立した生活をしていると考えていますが、この自立した生活を支えているものは何でしょうか？

２つの条件があると考えられます。１つの条件は「自分自身の状態」（すなわち個人の側の条件）です。「自立を支える自分の状態」というとすぐ身体機能を思い浮かべますが、身体機能だけでは身体は動きません。動こうという意思・意欲というこころの状態が必要になります。ですから「個人の側の条件」は、「からだ」と「こころ」の２つがそろってはじめて機能することになります。

さて、個人の側の条件が満たされれば（身体機能も気力も充実すれば）、自立した生活が送れるというわけではありません。どんな環境に置かれているかということに大きく影響を受けています。つまり、自立した生活に必要なもう１つの条件は、自分を取り巻く環境の側の条件ということになります。この環境の側の条件には、「もの」と「ひと」という２つの要素があります。「もの」の中には、広い意味で「どんな国」「どんな土地」「どんな気候」

に住んでいるかに始まって、「どんな家」「どんな施設」「どんなトイレ」「どんな浴室」「どんなベッド」「どんな杖や靴」といった設備・用具などの細かいものまで含まれます。

「ひと」とは、家族関係や社会関係に支えられた人間関係と、その人間関係から受ける有形無形の支援のことで、数より質が大切です。私たちは、家族関係や社会の人間関係と無関係に自立している人は一人もいないので、よい人間関係があってこその“よい暮らし”ということになります。介護が必要な状況では、介護する側のものの見方や考え方、具体的な接し方や技術、知識も含まれます。

このように自立した生活に必要な条件を図にすると、次のようになります。

日常生活動作・行為の自立 生活の満足度	＝	からだ（身体機能） ＋ こころ（意思・意欲）	×	もの（住居や生活用具） ＋ ひと（関係の質）

私たちのこの自立した生活を数値で表してみましょう。個人の側の条件も、環境の側の条件も両方とも仮に10としてかけ算をすると、自立度・満足度は100になります。

	生活の自立度・満足度		個人の側の条件		環境の側の条件
《障害のない状態》	100	＝	10	×	10

私たちはこの状態を「100点満点だ、ベストだ」とはあまり意識していませんが、年をとったり病気をしたり、障害をもつようになると状況は一変します。

■障害をもつと

年をとったり病気をしたり、障害をもつと個人の側の条件が変化します。個人の側の条件が急性期には1ということもあります。だんだん回復して5になる。あるいは老化に伴って機能が低下し、5になるという状況があるかもしれません。

個人の側の条件が5の時に、環境が前と同じままだとすると、5×10で50になってしまいます。自立度半分、満足度半分ということになって、「こんな身体になったらおしまいだなあ、長生きはしたくないもんだなあ」という言葉が漏れるかもしれません。式で表すと次のようになります。

	生活の自立度・満足度		個人の側の条件		環境の側の条件
《障害のある状態》	50	＝	5	×	10

このような状況の時、今まで私たちはどうしてきたかというと、なんとか個人の側の条件を改善して、再び元の暮らし（100）に近づけようとしてきました。治療をする、訓練をすると同時に、本人に対して「がんばってね」と関わることになります。

しかし、お年寄りや重い障害をもった人の場合、個人の側の条件がどんどんよくなっていくかというと、そういうわけにはいきません。ゼロから始まった人生は、最後にはゼロに戻るわけですから、年をとればとるほど、限りなくゼロに近くなります。また、重い障害であればあるほど、本人の努力次第で改善というわけにはいきません。よくならないのであれば、結局最後は寝たきりでも仕方ない、全介助でも仕方ない、という発想になりがちです。

	生活の自立度・満足度		個人の側の条件		環境の側の条件
《障害のある状態》	50	＝	5	×	
《一時的に回復》	80	＝	8	×	
《再び衰える》	60	＝	6	×	10
《もっと衰える》	20	＝	2	×	
《ついに全介助》	10	＝	1	×	

■環境の側の条件を創るのが私たちの役割

個人の側が５であるなら、５にふさわしい、５を活かす環境の側の条件を工夫し、たとえ年をとっても病気があっても障害が重くても、再び（あるいは新しく）自立度・満足度100の生活を創りだす、というのが「自立支援の介護」の考え方です。たとえば、個人の側の条件が５の場合には、何を変えたら全体が100になるでしょう。数字のうえで考えれば簡単で、環境の側の条件を20にすれば「５×20」で元の100になるわけです。では、環境の側の条件を20にするというのはどういうことでしょうか？

《障害のある状態》	生活の自立度・満足度		個人の側の条件		環境の側の条件
	50	=	5	×	10
	100	=	5	×	20
自立支援の介護	100	=	2	×	50
	100	=	1	×	100

環境の側の条件を 20 にしようとすると、「もの」と「ひと」を変えなければなりません。つまり、その人の個人の側の条件の足りない分を補って、あるいは今ある力を活かして、その人の自立的な生活を支える環境作りをしなくてはなりません。では、どのような「もの」と「ひと」が必要なのでしょうか？

次の「介護のやり方４つのタイプ」で考えてみましょう。

4. 介護のやり方／４つのタイプ

■椅子から立ち上がれない下山さんにあなたはどんな関わり方をしますか？

私（下山）は運よく長生きして 90 歳になりました。さすがに 90 歳ですから、筋力は衰えてバランス能力も低下しました。膝や腰にも痛みがあって、今まで使っていた座面の高さが 35 センチの椅子から立ち上がれなくなってしまいました。

あきらめのいい介護職のＡさん

「いいじゃない、もう年とってるんだから立てなくたって」と考えるタイプ。

髪型の場合は「いいじゃない、年とってるんだからどんな髪型だって」。服ならば「いいじゃない、どうせ寝たり起きたりなんだから、昼間からパジャマだって」。入れ歯の場合も「柔らかいものを食べれば歯がなくても大丈夫。どうせ新しく作ってもそう長く使うわけじゃないし…」。こういう関わり方は、筋力どころか気力も萎えさせてしまいます。

疲れを知らない介護職Bさん

「それじゃ今から訓練しましょう。がんばって努力すれば身体機能がよくなって、来年にはきっと立ち上がれるようになりますよ」というタイプ。90歳までがんばってきました。まだこの先一生がんばらなければいけませんか？　しかも来年まで生きているかどうかわかりません。「いつか」ではなく「いま」が大切なんです。

一見親切な介護職Cさん

「じゃあ下山さん、いつでも声かけてください。立ちたい時には私が手を貸してあげましょう」というタイプ。私たちはこのタイプの介護を優しい介護と呼んできましたが、本当にそうでしょうか？　つまり、誰かの手を借りなければ自分で立ちたい時に立てない訳です。そうなると、本当は10回立ちたいところが遠慮や気兼ねをして5回になってしまうかもしれません。すると立ち上がる機会が少なくなるので、今ある機能はさらに低下するでしょう。また、人に頼まなければできないとの思い込みから、主体的に何かをしようという意思もそがれて、すべてにおいて依存的になり、しまいには自尊心も失われてしまうかもしれません。

自立的生活を提供したい介護職Dさん

立ち上がるために手を貸すのではなくて、一人でいつでも好きな時に、らくに立てる環境作り（工夫）に手を貸すという「自立生活プロデューサー型」のタイプ。具体的には、下山さんの身体機能や長年の習慣や好みに合わせて椅子を選び、高さを調整したり、肘かけや手すりの位置を決めたりします。その結果、誰にも気兼ねすることなく安心してらくに動けるようになったので、下山バアサンは年をとって身体が弱くなったことを嘆かなくなりました。しかも、困った時には適切な援助をしてくれる人がいる、と思うと安心です。

もうおわかりだと思います。私たちが目指すのは、Dさんの仕事の仕方です。自立支援の介護は、問題解決型介護ともいいます。年をとったり、病気をしたり、障害があることが問題にならずに、人間らしい自分らしい生活が続けられるよう支援することであり、介護者に依存しすぎない生活を創っていくことこそ、自立支援の考え方ということです。

	個人の側の条件		環境の側の条件
日常生活動作・行為の自立 生活の満足度を目指す自立支援の介護 ＝	からだ（身体機能） ＋ こころ（意志・意欲）	×	もの→その人に合ったその人の主体的な生活を支援する生活環境や生活用具 ＋ ひと→意思や動作を引き出すために適切に関わり、適切な技術で介護する

5. 発想の転換を！
治す（変える）発想から、活かす発想

年をとること、病気をすること、障害をもつこと、身体能力や知的能力が低下することをマイナス（悪いこと、ダメになること）と考えずに、「自然で当たり前のこと、個性のようなものだと考えよう」という提案です。相手を変えようとするより、自分という人間（ひと）を含めた環境を変えて、その人が生きやすい条件を作ることが、実は自分の中の老いや障害への不安をらくにする道なのです。

動作と行為への介助法

[基本的な動作]

・座る
・起き上がる（ベッドから）
・立ち上がる（ベッド、椅子（車いす）から）
・移乗する（車いす（椅子）から椅子へ、ベッドからポータブルトイレへ）

[行為への援助]

・食事の介助　誤えん、窒息事故を防いでおいしく食事をするために
・排泄の介助　転倒・転落事故を防いで安心して気持ちよく排泄するために
・入浴の介助　転倒、溺死事故を防いで、安全に安心して気持ちよく入浴するために

座る

安全で安心、快適な生活作りは
「よい姿勢で座る」が基本

1　これは危ない！！

こんな姿勢で過ごしている利用者はいませんか？

①ずっこけ座り（仙骨座り）

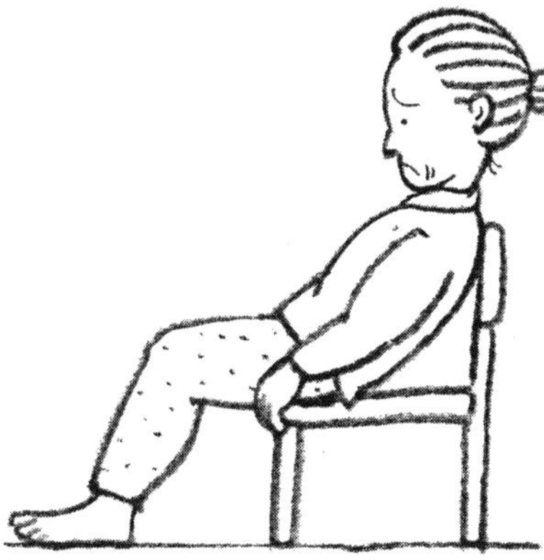

②ずり落ち座り

③ななめ座り

2　なぜ、危ないの？

身体に合わない車いすを使ったり、座りっぱなしにしていると、**仙骨座り（ずっこけ座り）**、**ずり落ち座り**、**ななめ座り**となり、事故につながったり、心身に重大な悪影響を与えます。

事故

ずり落ち

転落

無理に立ち上がろうとして転倒

症状

褥瘡ができる

体幹が歪む（側湾）

背が曲がる（円背、猫背）

脚力が低下し、下肢拘縮がすすむ

内臓が圧迫される

便秘になる

呼吸障害を起こす

無気力になる

バランス能力が低下する

3　では、どう座ってもらえばいいの？

①基本姿勢

〈横から見ると〉

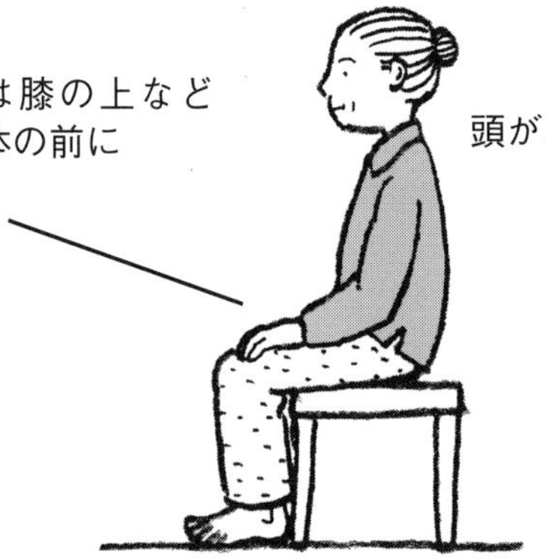

〈正面から見ると〉

＊姿勢だけではなく表情もよく見てくださいね

②よい姿勢で座ることの意味

●よい姿勢で座ることは、以下のような廃用症候群の予防、改善につながります。

廃用症候群の予防・改善は事故予防の前提

- ・筋力の低下予防・改善
- ・拘縮、変形の予防・改善
- ・骨折予防
- ・バランス能力の低下予防・改善
- ・精神的活動の低下予防・改善
- ・心肺機能の低下予防・改善
- ・消化機能の低下（食欲不振・便秘）予防・改善
- ・感染症の予防
- ・褥瘡の予防・改善
- ・体力の低下予防・改善

●さらによい姿勢で座ると脳も心も起きるので、食事・排泄・入浴が自立しやすくなり、表情が出て、意欲も出ます。

③「よい姿勢で座る」には目的や理由が必要

たとえば、人の話やテレビドラマに夢中になっていたり、何かの作業をしている時は、自然によい姿勢をとっています。目的や理由があるからこそ、らくに安心して座っていることができます。廊下やソファーに一人でポツンといるような不安な状態で放置しないでください。

4 「よい姿勢で座る」ための椅子

①利用者にあった椅子選びのポイント

①座面高さ：膝裏から踵までの長さ（下腿長）マイナス１センチくらい（ふだん使っている履き物をはいて計る）

②奥行き：膝裏から腰背部の最も出ている部位までの距離（座長）マイナス５センチくらい（座位で計る）（膝の裏側に握りこぶし一つ入るくらいのゆとり）

③蹴込み：足の裏全体が床につき、かかとが引けるようになっているもの

④座　面：シートの硬さはやわからすぎず硬すぎず。食事などに使う場合は座面は水平に近いものがよい。

⑤背もたれ：肩甲骨よりやや下、食事などに使う椅子の場合は特に背もたれの角度は傾きが少ないものがよい。

⑥肘かけ：肘を水平に自然に曲げた時の高さ
＊片マヒのある場合はマヒ側の拘縮により左右の高さが違うことがある

⑦座　幅：腰（臀）幅＋２～４センチくらい（被服の厚み考慮）

②身体に合った椅子を使っている場合でも「座りっぱなし」にしない

どんなよい姿勢でも同じ姿勢をとり続けることは苦痛です。また一人でポツンと放置されていると不安になって動き出し、転落、転倒につながります。

姿勢が崩れた時以外でも、声をかけて、立ったり座り直しをしたりして姿勢を変えてください。

ひとくちメモ

人は直立して２本足で歩くのに最も適した身体構造をしています。

立った時、背柱はゆるやかなＳ字カーブを描いていて、上半身の体重＝重力を背柱がバランスよく支えています。そのために手が自由に使え、胸郭が開いて呼吸しやすくなっています。

立った時のように背筋を伸ばして上半身の形を保ちながら座った姿勢がいわゆる「いい姿勢」です。座骨結節部（両方のお尻の骨）を支点にして体重がしっかりのっていると、上半身が安定します。

しかも安定し安心な姿勢というのは、固定されて動かないものではなく身体を動かしやすい姿勢でもあります。人は常に身体を動かすことで、身体の一部分にストレスが集中しないようにしながら、活動姿勢や休息（リラックス）姿勢をとっています。

③座位が安定しない人の場合

座位が安定しない人の場合には、上肢（腕）の肘から先を身体に合ったテーブルなどにあずけて身体を支えるようにするとよい姿勢を保つことがらくになります。

＊食事の項（104頁）の身体に合ったテーブルの高さの選び方を参照

5「よい姿勢」と車いす

①車いすの機能とは

車いすには移動手段としての「車」の機能と「椅子」としての機能があります。また、移動中の臀部の前方への傾き（ずり落ち）を防止するために、座面、背もたれが後方へ傾いた構造をしています。そのために、食事などの行為や活動に適した姿勢をとるためには工夫と配慮が必要です。

（1）車いすは「乗せて運ぶ」用具ではなく、使用者が安全に安心して行動する自立のための道具だと考える

●身体に合った車いすを使う（選定と工夫）。

●主に段差の少ない室内で使うものと、外で使うものとを分けて考える。

●自走することを基本にする。

（2）移動のためには車いすを使い、食事の時は、食事に適した「椅子」に移乗する

●食事以外でも趣味活動、レクリエーションに参加する時などは、それらに適した「椅子」へ移乗する。

●ゆっくりくつろぐ時には、それらに適した「椅子」（ソファー）に移乗する。

（3）身体に合った車いすを使っている場合でも「座りっぱなし」にしない

②車いすを選ぶポイント

基本的には椅子選びのポイントと同じです。

①座幅：広すぎると自走時にハンドリムが遠くなり移動操作がしにくい。また姿勢が崩れやすく臀部のずれから痛みや褥瘡が発生しやすい。狭すぎると窮屈であり移乗動作がしにくい。

②シートの奥行き：長すぎると臀部が前方にずれ、重心が後ろにかかるので、仙骨座り、円背になりやすく褥瘡が発生しやすい。自走時にはかかとが床に届きにくいので、床を蹴ることができず、ハンドリムを回しにくい。短か過ぎると座位が安定せず、ずり落ちやすい。

※著しい円背などの場合は単に奥行きで調節せず、「背調整シート」（張り調整付バックレスト）や「背もたれの角度調整＋背クッション」で工夫してください。

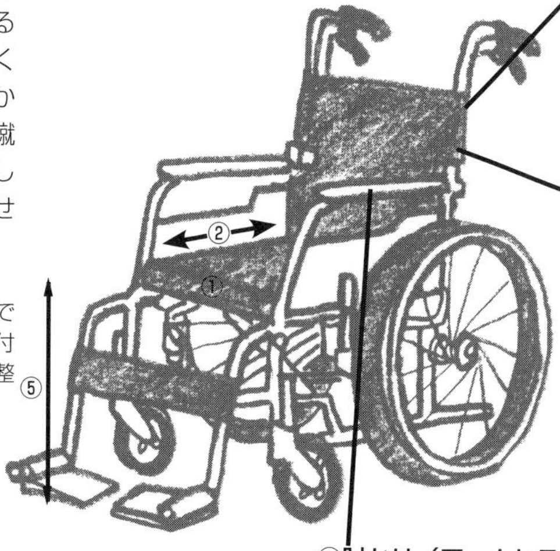

③背もたれの高さ：椅子選びと同じ。上半身の安定が悪い場合には高くしたり、ヘッドレストを使用する。

④背座角（座面角　背もたれと座面の間の角度）：水平から５度程度傾きがあるのが普通。

⑤前座高：フットレストから足を床に降ろした時に足の裏全体が床につく高さにすると、座位の安定、ずり落ち防止、健側（利き手利き足側）での移動がしやすい。

※クッションを使用することを前提に高さを選択

⑥肘かけ（アームレスト）：高すぎると肩が上がり疲労や肩こりの原因になる。低すぎると左右の支えが不安定で姿勢が崩れやすい。

※片マヒの人の場合は、左右の高さは違うことが多い。また幅を広くしてマヒ側の肘をのせると姿勢が安定する。

ひとくちメモ　よい車いす選びプラスアルファ

便利で多機能なものほど、使い方と保守点検を確実に！

【より安全で安心な機能】

肘掛け跳ね上げ・脱着機能

フットレスト脱着機能（スイングアウト）

転倒防止補助輪

【リクライニング車いすにするのなら…】

ティルト機構（座面と背もたれの角度を変えずに姿勢を変える機構）のついたものを選ぶ

一般的なリクライニング車いすでは背もたれだけが動きます。ティルト機構がついたものであれば、座面と背もたれが同時に動くので背中のズレが生じにくく姿勢が安定します。

ただし、フットレストと背もたれの動きは別々なものを選んでください。

③車いすを使いこなすための配慮

（1）屋外で使用する場合や特別な場合を除いてレッグレストは外す

●移動時の「立つ」「座る」の場面で十分足を引けないために、転倒や転落の危険があります。

●自走する場合、足こぎや片手片足こぎをするためにはかかとが床に着き、引けることが大切です。

●マヒ側の足がフットレストから落ちる場合は、プレートの高さを調整したうえで、必要に応じてヒールループなどを使用してください。

(2) フットプレートの高さを調節しましょう

●ずり落ち姿勢やななめ座り、フットレストから足が落ちることなどを防ぐことができます。

(3) クッションは必需品です

●姿勢の安定、痛みや違和感の解消、座位の快適性を向上させると、転倒、転落防止につながります。

●座面シートのたわみは、座面が水平になるようにクッションを工夫して使用します。

●古いシートは張り替える方法もあります。

●車いすの座り心地をよくするためには、座面のみではなく背面のクッションも大切です。背面からしっかり腰を支えることで、安定した姿勢を保つことができます。

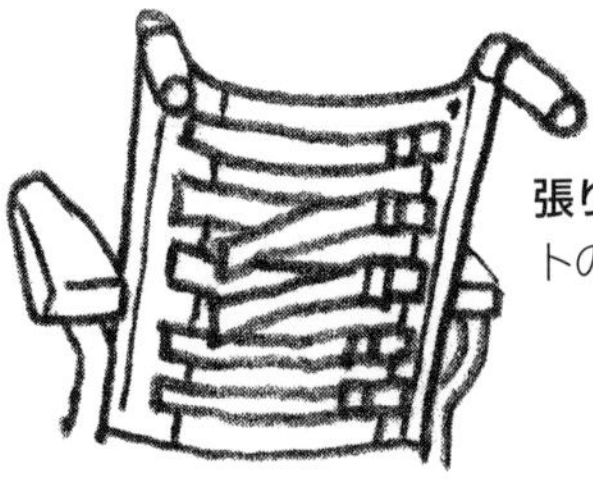

張り調整付バックレスト：背筋に沿って背シートの張りを調整することができる。

三角クッション：使用することで車いすでもよい姿勢を援助できる。

ランバーサポート：後付けできる背クッション。腰と背もたれの間にできるすき間を埋めることで、姿勢のくずれを防ぐ。

（4）車いすにしばらくとどまる時は必ずブレーキをかけ、フットレストから足を降ろして座り直し、よい姿勢で足が床に着くようにしてください

●万が一フットレストに足が乗ったままの状態で強引に立ち上がろうとすると非常に危険だからです。

（5）移乗時（介助時も含む）は必ずブレーキをかけ、フットプレートを収納してください

●フットプレートで足にけがをさせないように、移乗時には車いすとベッドなどの位置関係も配慮します。

（6）車いすを押す場合は、フットレストに足がのっているかどうか確認してください

●フットレストに足がのっているかを確認せずに動きだすと、足をまきこんで大けがをさせてしまいます。

④車いすの整備、点検をお願いします

車いすの整備・点検は定期的に必ず行いましょう。点検のポイントは以下のとおりです。

●ブレーキの利きが悪くなっていませんか？

●タイヤの空気はしっかり入っていますか？

●タイヤの溝がすりへっていませんか？

●フットレストがゆるんでいませんか？

●前輪（キャスター）や後輪（駆動輪）にゴミなどが巻きついていませんか？

●ねじの緩み、ジョイント部分の緩みはありませんか？

●操作時に変な音はしませんか？

●座面シートが著しくたわんでいませんか？

ブレーキのあまい
車いすほど危険な
ものはありません！

起き上がる ベッドから

1　これは危ない！　こんなやり方していませんか？

抱きついて力まかせに引っぱりあげる、そんな介助はとても危険です。

2　なぜ、いけないの？

上向きの状態から上半身を真上に起こしつつ端座位にする方法は、特に緊張の強い人などはお尻がマットから落ちてしまう危険があります。また介助者の腰にも負担がかかります。

3　では、どう介助すればいいの？

人の自然な動き（身体の仕組みに合った動作）を援助しましょう（85頁参照）。

①まず、健側（利き手側）へ十分に横向きになる→寝がえりを介助する

【準備】幅の狭いベッドの場合はあらかじめ身体を斜めにして、脇を開き肘をつくスペースを作っておくと動作も介助もらく！

寝がえり介助のポイント

①膝を立ててもらう（マヒがあれば健側だけでも）
②健側（利き手側）は移動用バー（またはベッド柵）をもちマヒ側の手は腹の上へ置く
③頭を上げてもらう
④健側（利き手側）へ寝返る
　＊ベッド柵は手すりとしても使うので外さないこと

②次に、横向きから肘立ちへ→肘立ちの姿勢を介助する

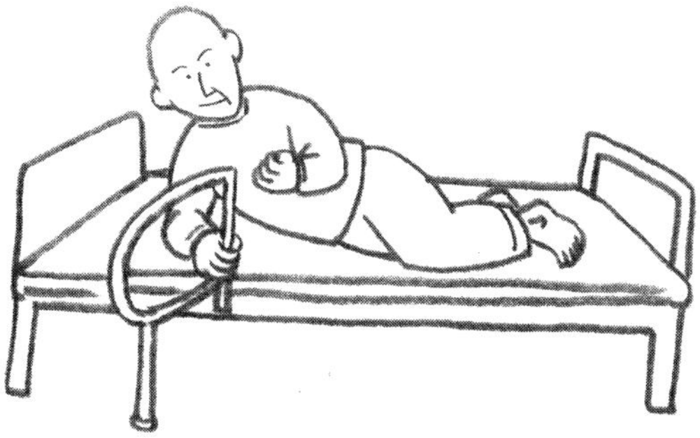

肘立ち介助のポイント

①健側（利き手側）の脇の下は十分に（60～90 度）開いてもらう
②健側（利き手側）は移動用バー（またはベッド柵）を手すり代わりに持ってもらう
③頭が健側（利き手側）の肘のあたりへ動いてくるよう誘導して（前かがみで）肘立ちの姿勢になる

③そして、肘をのばして上半身を起こしつつ、足をベッドから下ろす
→起き上がりと端座位姿勢を介助する

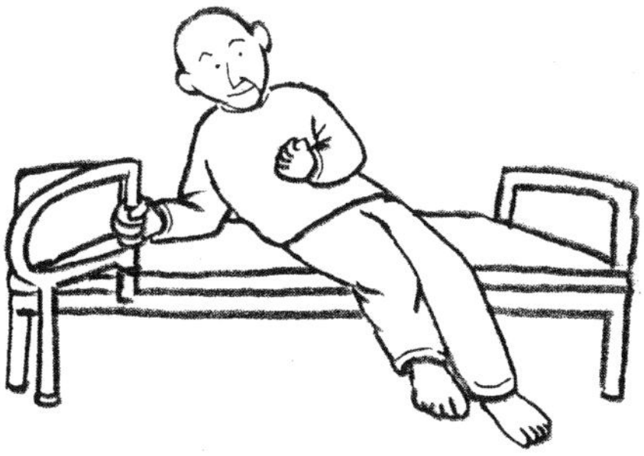

起き上がり介助のポイント

①頭は、立ち上がりへの介助と同様に前かがみで動くよう介助
②背もたれがあがるタイプのベッドであれば、少しギャッジアップしておくと動作も介助もらく
③肘立ち姿勢の時に、足を先に下ろしても OK

④端座位になる→安定した端座位への介助と指さし確認

①頭はやや前かがみの位置

②足は肩幅に開き、足の裏は床に着いている

③手は身体の前方（移動用バーを持つと座位が安定する）

④表情を見る

4　ベッドの選択　使いこなすための配慮

○**ベッド幅**：寝返りをらくにするためには最低でも 95 センチ（小柄な人）～ 105 センチ（大柄な人）は必要！

○**ベッドフレームとマットレスの関係**：マットレスとベッドフレームには段差がないほうがいい。起き上がってくる時には足を下ろしやすく、端座位の時には足が引きやすく、かつお尻のずり落ちを予防できる。

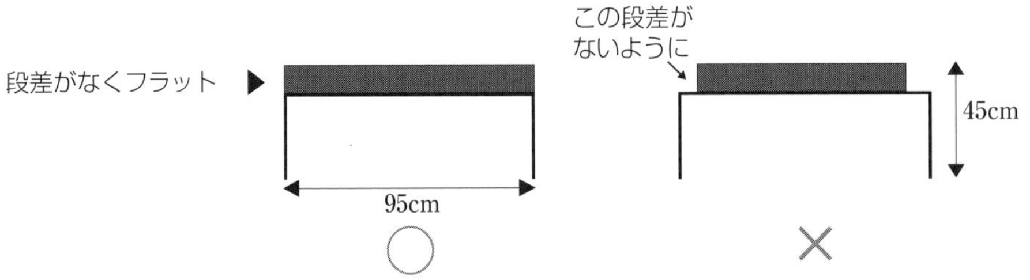

○**マットレスの硬さ**：やわらか過ぎると座位が安定しにくく、すべり落ちやすい。

＊マットレスは動かないように固定しておくこと。

○**ベッドの高さ**：基本的には使う人にあった椅子の高さと同じ。端座位で床に足の着く高さ（77 頁参照）。

自然な動きをよく見てみよう！ ベッドから起きる動作

■ベッドから起き上がる

年をとって筋力が衰えると、仰向けのまま腹筋だけを使って上半身を起こすことが難しくなり、一度横向きになり肘を使って上半身を起こしつつ、ベッドより足を下ろし起き上がるという方法を取るようになります。この動作方法を使えば、片マヒなどの障害をもっても健側（利き手側）の腕を使って起き上がることができます。

●動作の手順

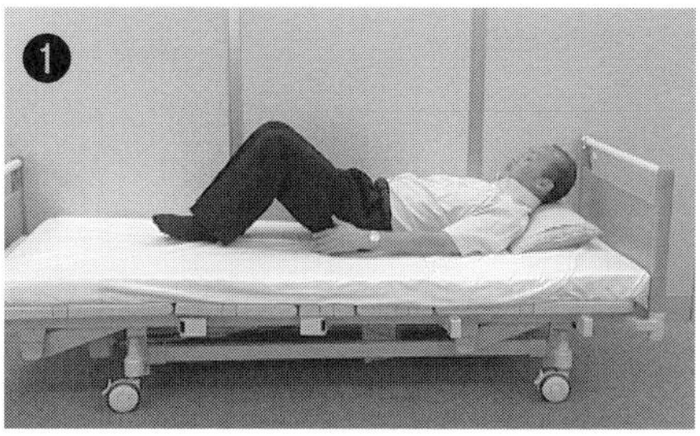

1　仰向けから横向きになる（左横向きになる）

仰向けの状態から身体を左横向きにします。力を使わずに左横向きになるためには、

①膝を立て（写真❶）

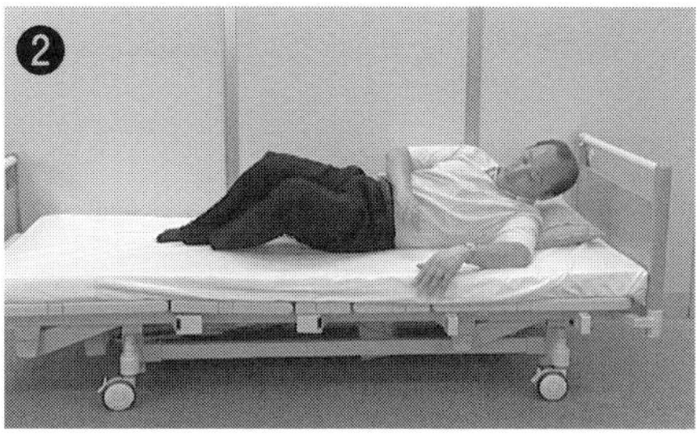

②左脇は開く。右腕が上がり身体の上を越えて左へ動き、

③頭が上がって左を向く。そして、身体のねじれと体重移動で横を向くことができます。（写真❷）

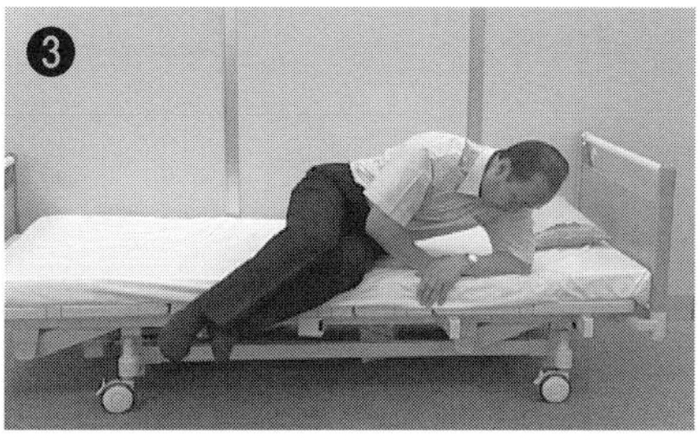

2　横向きから肘立ちになる

十分に横向きになった状態で、左脇を十分に開いて、頭をお辞儀するように前へ出す。ちょうど左肘の上に頭が動いていくような要領です。（写真❸）

３　肘を伸ばして身体を起こし、足を床に下ろす——端座位

①肘を伸ばして身体を起こす時も、頭は前へ前へと動かし、遠回りをする要領で起きてくると力はいりません。

②さらにベッドであれば、足が重りがわりになって、よりらくに起き上がれます。（写真❹）

③安定した端座位のためには、足が床についていること、手は身体の前にあることが大切です。（写真❺）

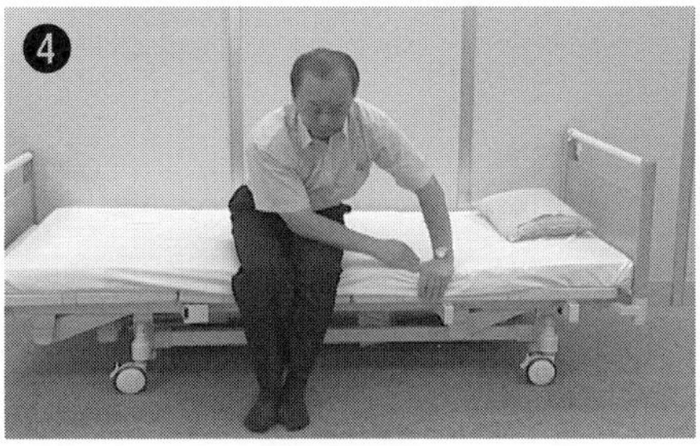
❹

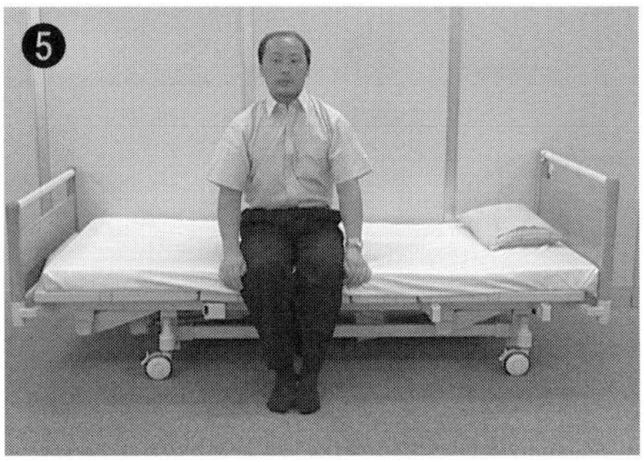
❺

■ベッドに寝る

基本的にはベッドから起き上がる動作の逆の順序で行います。重力の方向へ動作するので、ドスンと身体を落とすことのないように、うまく身体を支えバランスをとることが大切です。

●動作の手順

①端座位から肘立ち

ベッドに手、次に肘をつき、ベッドに足を上げます。

②肘立ちから横向き

ゆっくり肘、肩、頭をつけて横向きになります。

③横向きから仰向け

膝を伸ばし、両腕を身体の脇に伸ばすと自然に仰向けの姿勢になります。

立ち上がる ベッド、椅子（車いす）から

1　これは危ない！　こんなやり方していませんか？

①前方から上に引っ張りあげる

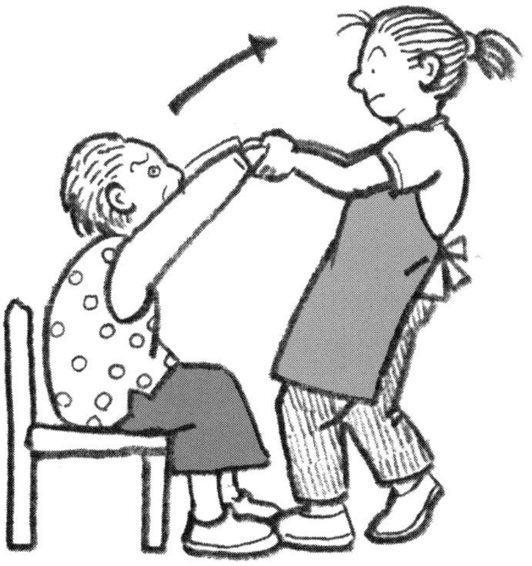

②前方から抱きついて上に引っ張りあげる

2　なぜ、いけないの？

①関節を脱臼するおそれがある

②バランスが崩れると共倒れする

その他、無理な動きを強要すると、抵抗や暴力行為を誘発したり、介助者の腰にも負担がかかります。

3　では、どう介助すればいいの？

人が立つ動きを思い出して、その動作を援助しましょう（96 頁参照）。

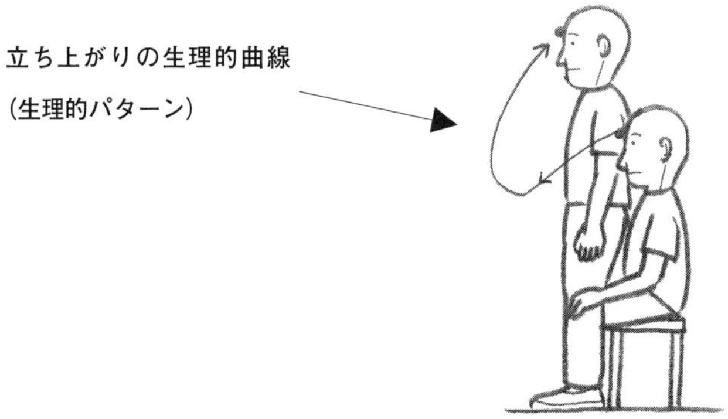

①手で動作を援助する場合

（1）まず、足を引いてもらう→体重移動の準備

●かかとが浮かない程度に引く

●肩幅ほどに開く

●滑らないように靴をはくか、すべり止めマットを使うこと

●車いすの場合はレッグレストをはずす

（2）次に、膝より頭が少し前へ出るくらい十分前かがみになるよう援助する→足への体重移動

●おじぎをするように誘導する

●お尻が浮くまで手は下方へ誘導

（3）そして、お尻が浮いてきたら膝をのばして、上半身を起こすよう援助しましょう

●頭は最後に起こします。逆に頭が起きてこない場合は、介助者の顔を見てもらうように声をかけましょう。

（4）椅子（ベッド）の高さも大切なポイント。体格と立ち上がる能力に合った高さに設定する

②手すりや台（テーブル）を使って援助する場合

（1）十分前かがみになり最後は押して立てる位置につかまってもらいましょう

＊手すりの位置は、意外に遠くて肩より低い位置

（2）支えは介助バーや手すりだけではない。ものを下に押す動作

私たちは自分の日常生活で、立ち上がるために身体を支える必要がある時、「高い位置のものにつかまる」という動作はあまりしません。

たとえば座卓で座布団に座っていて立ち上がろうとする時、座卓を押して立ち上がることがとても多いのです。ですから、立つ動作で前かがみ姿勢になる時、利用者が小柄な人で手すりの位置が高すぎるようなら、ベッドと同じか少し高めの安定のよい台を置いて、下に押すようにして身体を支えると大変安定します。

（3）手のひらだけではなく上肢（腕）の、肘から先を台（テーブル）にあずけるようにすると、バランスがとりやすく、腕全体で体重を支えるので握力がない人も立ちやすくなる

③立つための脚力があるかどうかの判断基準

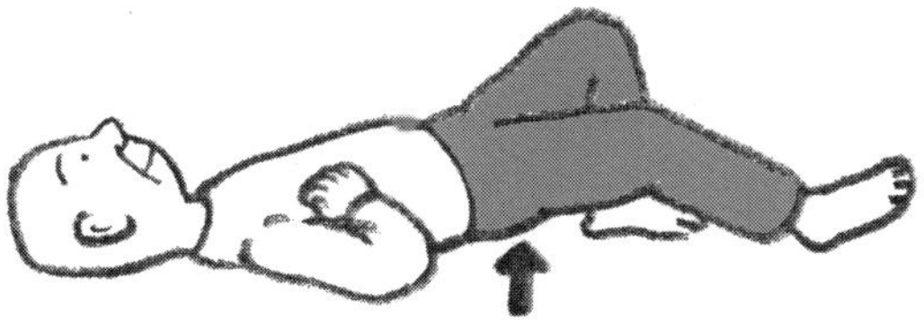

・健側（利き足側）の膝を立て、お尻を上げることができる。または、布団など蹴飛ばす力があればOK

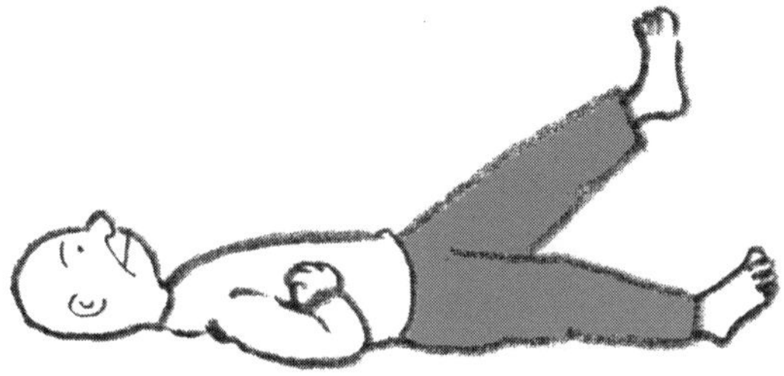

・足を膝、股関節を曲げずに上げることができる

④立つ時に手すりをもってバランスをとったり、手で身体を支えるだけの力があるかどうかの判断基準

握手して、しっかり握り返す力と、気力があれば十分

⑤力があることがわかったら、力を活かす条件を作りましょう

・椅子（ベッド）の高さ　・手すりの位置　・介助法

⑥力があるはずなのに上手に立てなかった時の見直しのポイント

1．条件は適切か

2．介助法は適切か

3．本人が動く気になっているか

【応用編】立位から車いす（椅子）へ座る

1　こんな方法は危ない！

①ドンと落とす方法

②前方から抱きついて座らせる方法

2　なぜ、いけないの？

①椅子の座面が固かったり、骨がもろければ尾てい骨亀裂骨折や脊椎の圧迫骨折を起こす

②本人が十分に前かがみになっていないので、椅子（ベッド）に浅く腰かけることになり、すべり落ちる危険がある

3　では、どう介助すればいいの？

人の座るという動作を思い出して、その逆の動きを援助しましょう（97頁参照）。

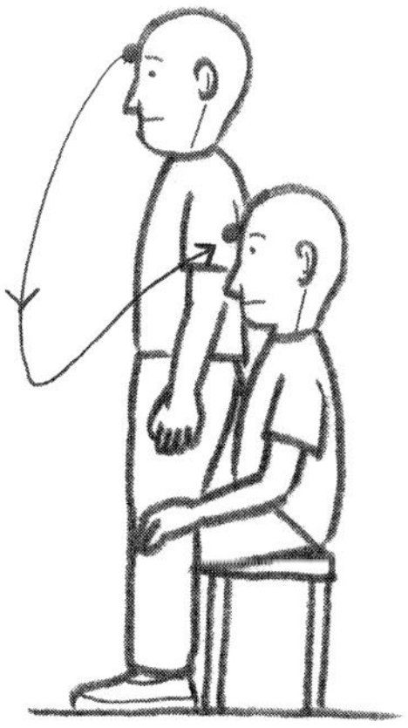

①手で動きを援助する場合

（1）立つ時の逆の動き

十分に頭を下げて、重心を低くしながら座面についたお尻に体重移動して、上半身を起こしましょう。

(2) まず、十分に前かがみになってもらう。立つ時より心もち深めにおじぎする

(3) お尻が座面に着いたら、身体を起こす

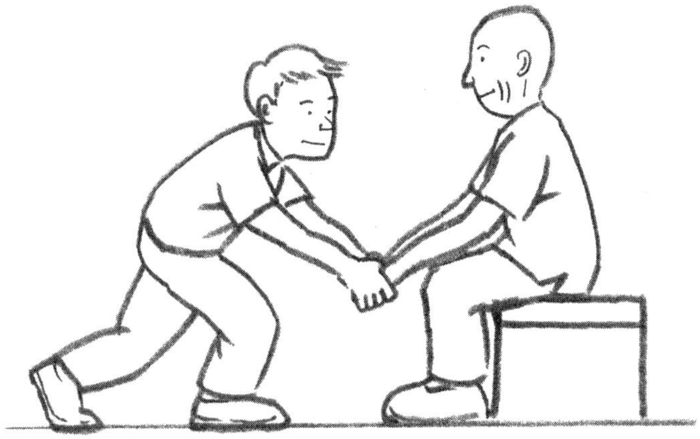

(3) 手すりや台を使って援助する場合

【応用編】座り直す

1　こんな方法は危ない！

後方から両脇を抱えて引きずり上げる。

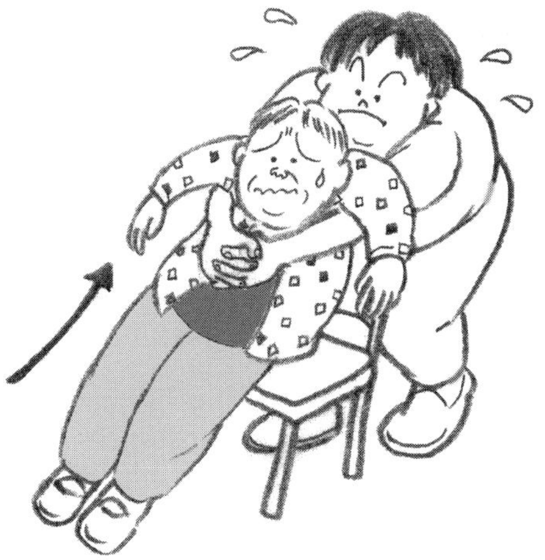

2　なぜ、いけないの？

●痛い。

●介助者が力を入れるので、腕や肋骨などの骨折のおそれがあります。

●無理な動きを強要すると、抵抗や暴力行為を誘発することにもなります。

＊右上のイラストのように腕を組んだ場合でも同様。

3　では、どう介助すればいいの？

①人はどうやって座り直しているのかをよく見てみよう

私たちがふだんやっている座り直しの動き

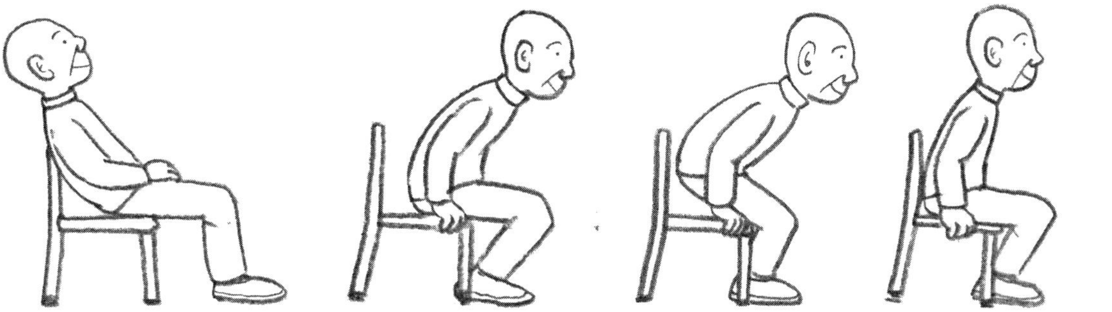

身体を起こして足を引く
さらに前に屈んで

お尻の位置を後ろに
移動させる

②人の自然な動き（身体の仕組みに合った動作）を援助しよう

準備するもの：安定した椅子または低めの台かテーブル

足を引いてもらう
車いすであればフットレストから
足を下ろしてもらう
レッグレストは必ず外す

・手を椅子の座面、または低めの台かテーブルの上について
もらう（片マヒの人の場合は健側のみでよい）
・十分前かがみになってもらうことで前方へ体重移動する
・介助者は軽くなったお尻を後ろに誘導する

■テーブルを使う場合

手の平だけではなく、肘から先をテーブルにあずけるようにするとお尻が軽くなるので、浮いたお尻を後ろへ誘導するようにします。

■ベッドでの端座位で、座る位置を変える

●手は身体の前の方へつくか、手すりを握るようにします。
●足を移動する方向へ開き、十分前かがみになってもらいます。前方へ体重を移動します。
●介助者は軽くなったお尻を身体全体で押します。

自然な動きをよく見てみよう！ 椅子から立ち上がる動作

■椅子から立ち上がる

椅子からの立ち上がりという動作は、「お尻に乗っている体重を両足のほうに移動してバランスをとりながら身体を持ち上げる」という、重心移動によって行います。

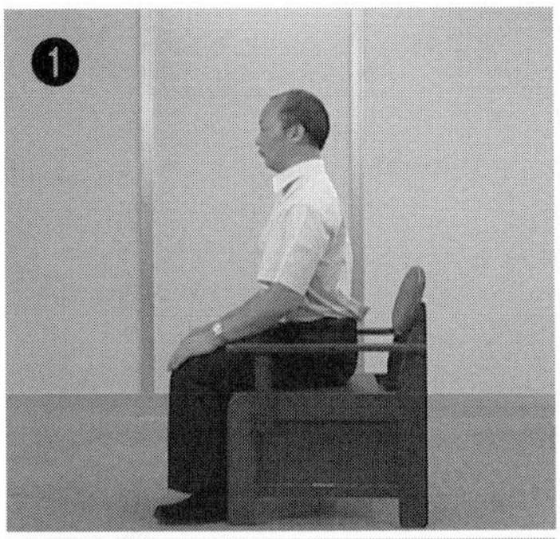

●動作の手順

①立ち上がりやすい姿勢の準備（写真❶）

バランスよく立ち上がるためには、足を引いてかかとを床に着けた状態が必要です。足が少し開いているほうがバランスはとりやすくなります。

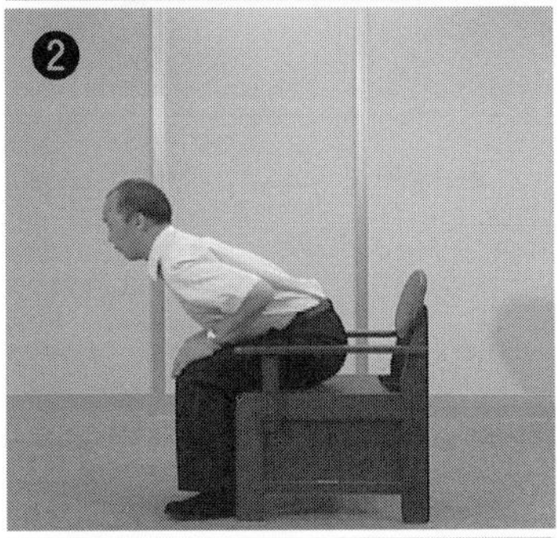

①前かがみになり重心を前に移動する（写真❷）

両足の真上に重心を移動させるため、お辞儀をするように前かがみになります。膝より頭が少し前に出るくらいです。

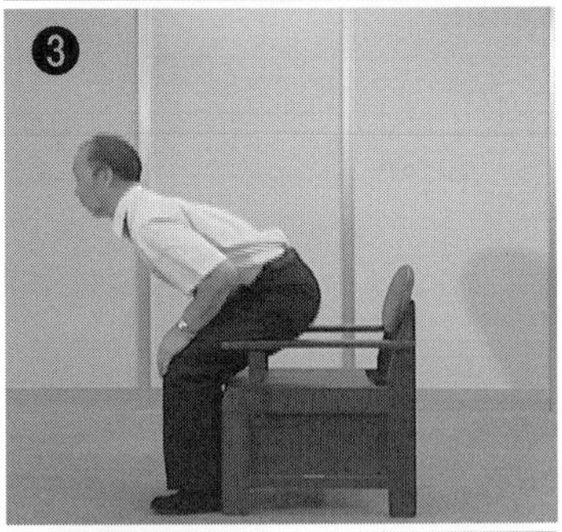

②お尻を浮かせる（写真❸）

重心が前に移動し、両足にしっかり体重が乗ると自然にお尻が浮いてきます。

③膝を伸ばし上半身を起こす（写真❹❺）

お尻が浮いたら膝を伸ばし、身体を持ち上げると同時に上半身を起こします。

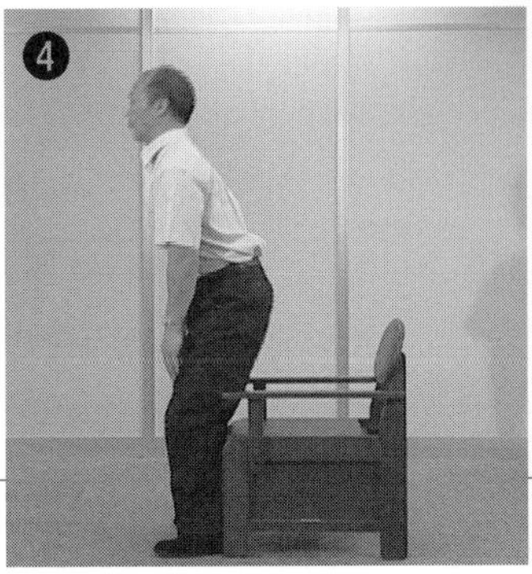

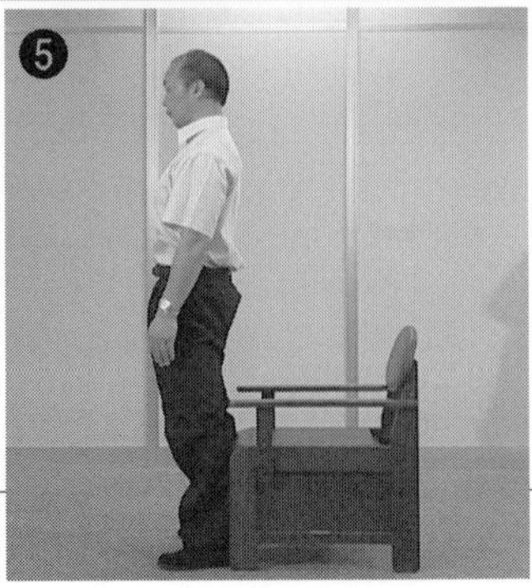

自然な動きをよく見てみよう！ 椅子に座る動作

■椅子に座る

椅子に座る時の動作は基本的には椅子から立ち上がる動作の逆の順序で行います。

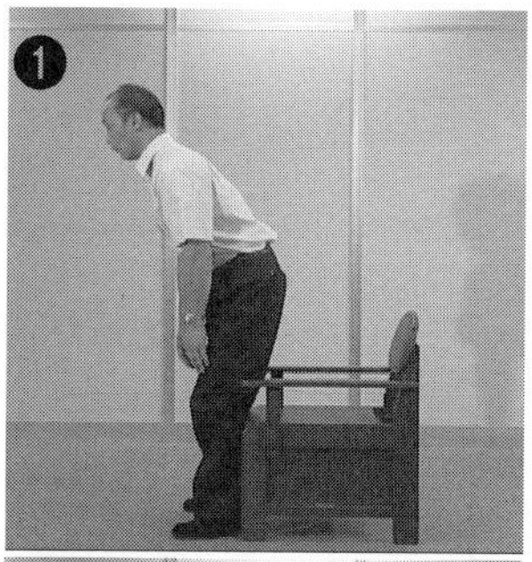

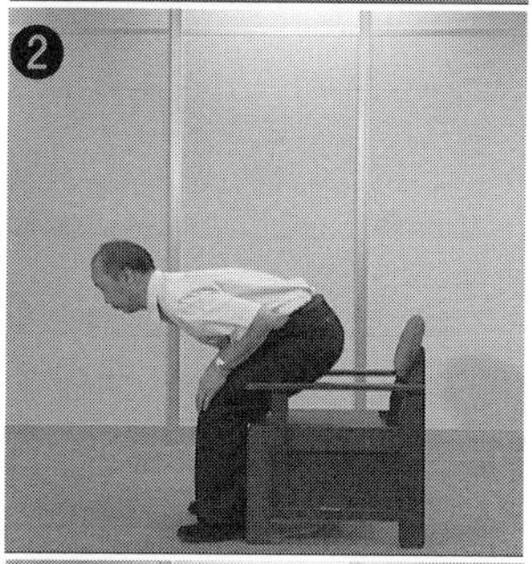

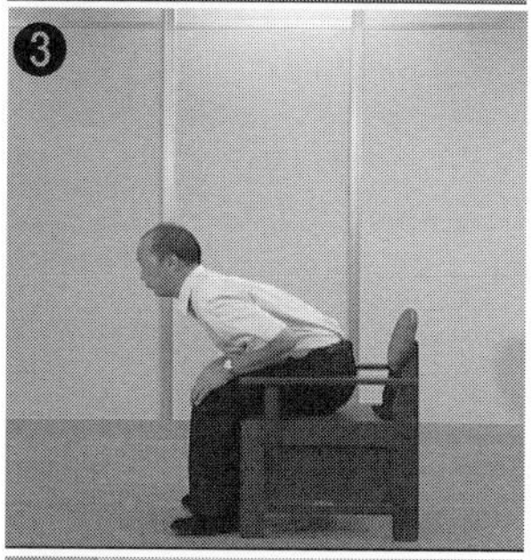

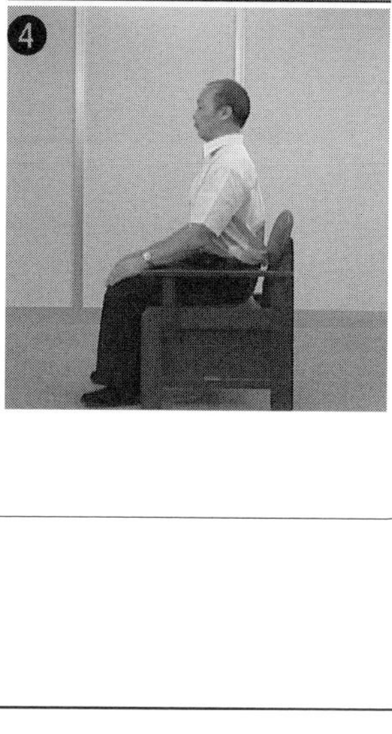

●動作の手順

①上半身を前にかがめる（写真❶）

上半身を起こしたままで座ろうとすると、重力の方向へ動作するので、ドスンと身体を落とすことになります。

痛い思いをしたり、バランスを崩して倒れたりするので、十分に前かがみになって、まず重心の位置を低くします。

②お尻を突き出し、膝を曲げる（写真❷）

お尻を後ろに少し突き出し膝を曲げます。いわゆる「中腰」という姿勢で、この時点で重心は足の真上にあります。この時手を膝の上についているとバランスがとりやすくなります。

③椅子に腰を下ろし上体を上げる（写真❸）

中腰の姿勢から重心を後ろに移し、ゆっくりお尻を椅子の上に下ろします。座面にお尻がついたら前かがみになっている上半身を起こします。

移乗する

車いす（椅子）から椅子へ
ベッドからポータブルトイレへ

1　これは危ない！　こんなやり方していませんか？

①差し替え

手すりなどにつかまらせて立たせたまま、椅子と車いすを差し替える

②前方から抱えて、立たせた勢いで向きを変えて移乗させる

2　なぜ、いけないの？

①差し替えの場合

- ●本人が倒れたり膝折れしてお尻から落下してしまう危険があります。
- ●尻もちをついて骨折に至った例もあります。
- ●介助者はモノを動かすことと、ヒトを支えること２つのことを同時にするので、倒れそうになった時、結局は支えきれません。
- ●また、体調によって立っている能力は変化します。いつも大丈夫とは限りません。
- ●万が一、介助者が手を滑らせたり、つまずいたらどうなりますか？

②前方から抱え、立たせた勢いで移乗させる場合

●バランスを崩すと共倒れの危険があります。

●身体を振るので本人の足を車いすやベッドフレームなどにあて、打撲やすりきずを作る危険があります。

●座る時に前かがみの姿勢がとれないので、十分にお尻が座面の奥に入らず、すべり落ちる危険があります。

●介助者の腰に負担がかかりすぎます。

3　では、どう介助すればいいの？

①ふだん私たちが別の椅子に移る時どうしているかをよく見よう！

特に、疲れている時などの力に頼らない動作が参考になります。

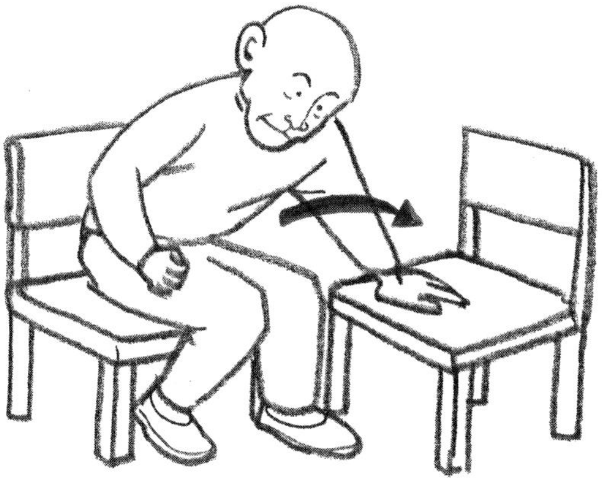

・足を引いた状態から、移る椅子に近いほうの足を半歩前に出す。

・手は移る椅子の座面につく。

・そして、十分前かがみになって浮いたお尻を振って移乗する。

②人の自然な動き（身体の仕組みに合った動作）を援助しよう！

（1）基本形

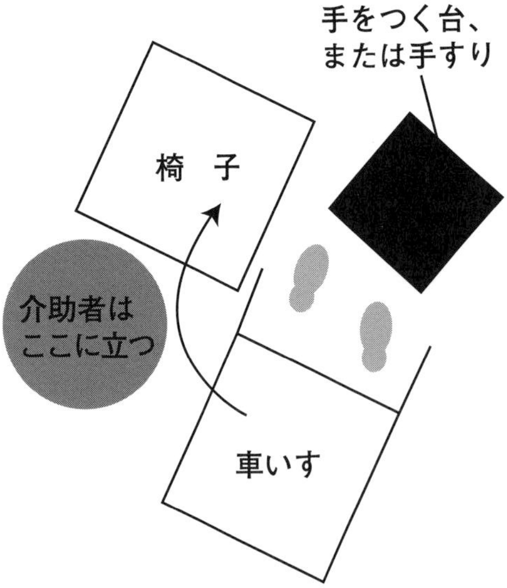

・マヒがある場合は健側（利き手側）へ移乗。
・立つ時の援助と同様に十分に足を引き、健側（利き手側）の足のみ半歩前へ出してもらう。
・手すりを持つか、台に健側（利き手側）の手をつき、十分な前かがみ姿勢をとってもらう。
・前方に体重移動し、軽くなって浮いたお尻を誘導する。

（2）テーブルの前で

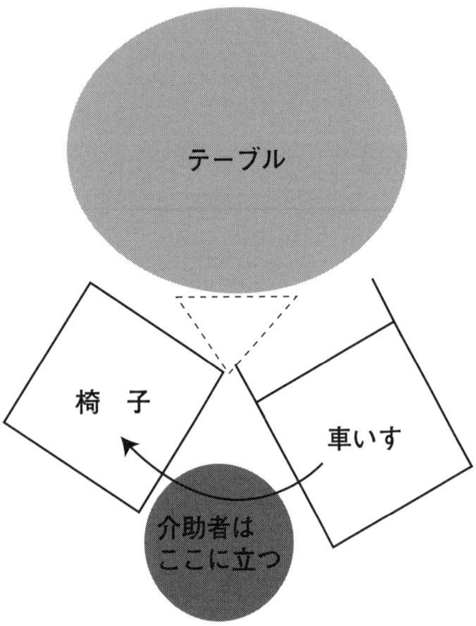

・図のような位置関係に車いすと椅子を準備する。
・健側（利き手側）の肘より先をテーブルについて十分な前かがみ姿勢をとってもらい、軽くなったお尻を誘導する。

肘かけがじゃまになる場合は一気に移乗させようとせず、座面の前方へお尻を少しずらしてから、足の位置を直し、浅座りの状態から移乗する。一手間かけると動作も介助もらくになる。

（3）ベッドからポータブルトイレ（または車いす）

①

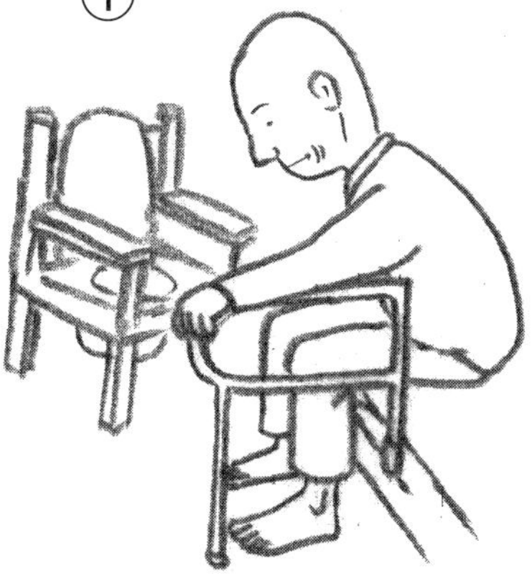

②

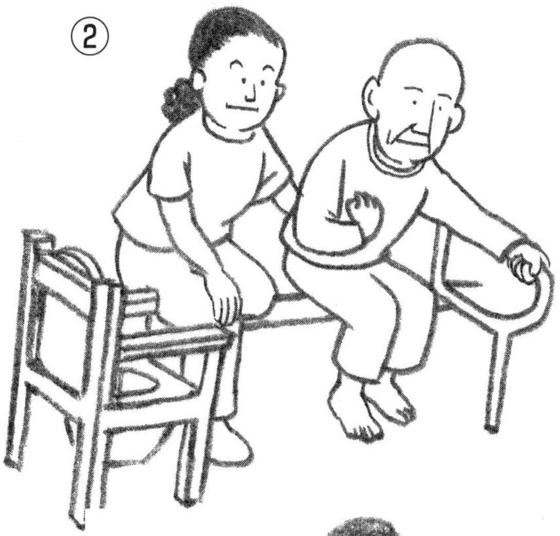

③

④

ベッドからポータブルトイレ（車いす）へ移乗をする時、マヒがある場合はマヒ側へ移ることになるので移動用バーは必需品。介助者はベッド側に近い足（膝）をベッドについて足場を安定させてください。

※介助中にベッドのマットレスが動かないように固定すること。

どのような場合でも、利用者に前かがみになってもらい、体重移動で軽くなったお尻を移動するという方法をとってください。

【応用編】全介助による移乗動作

下肢にまったく筋力がなく、ほんのわずかな時間も立位がとれない人、また、体重を足にかけようとすると膝折れしてしまう人の場合は、ハイローベッド、アームフリーの車いす、トランスファーボードなどの道具を使用して、座位での移乗を全介助する方法があります。

介助者は利用者の前で片膝をつき、肩で体重を受けるようにする。

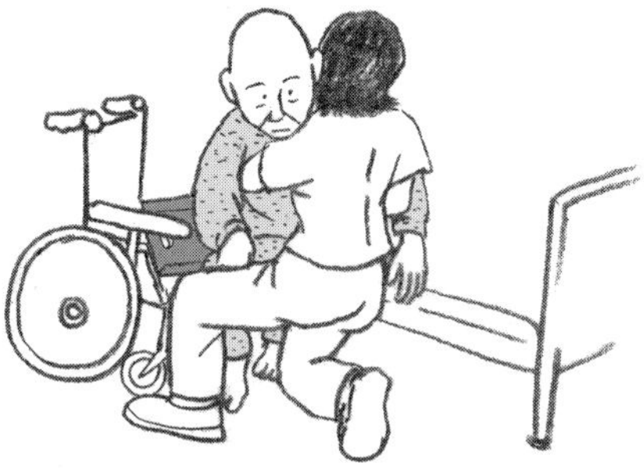

トランスファーボードをお尻の下に差し込んだら、介助者は車いす側の肩で利用者の体重を受けつつ、ボードの上を滑らせて車いすのほうへ移乗させる。

腰をゆっくりと車いすの背のほうへ押し込み、トランスファーボードを外す。

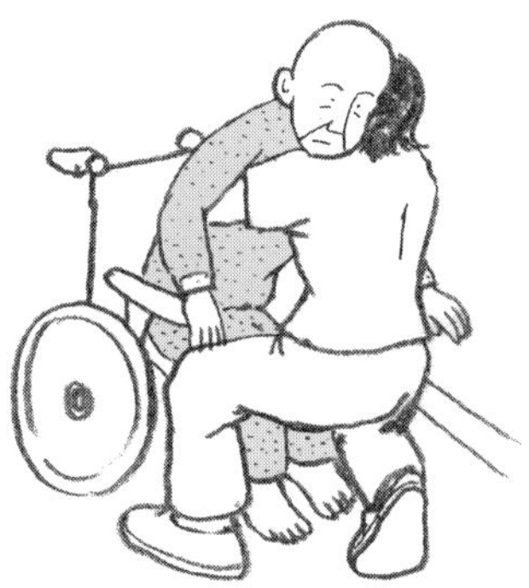

また、1人が相手の両足を膝ではさんで小さくなってもらい、体重を預けてもらいながらお尻をもって移乗。もう1人は後ろにいて、十分前かがみ姿勢がとれるよう支え、お尻の移動を援助する。このように介助者が2人で援助する方法もあります。

＊準備するもの：介助者が座る椅子（安定のよいもの。35センチ前後の高さのもの。肘かけのないもの。下のマーブルチェアはおすすめです）

●マーブルチェア

食事

誤えん、窒息事故を防いで安心しておいしく食事をするために。摂食・えん下の障害があるからこそ配慮と工夫をしよう！

1　食事の姿勢

1　これは危ない！

①車いすとテーブルが離れている

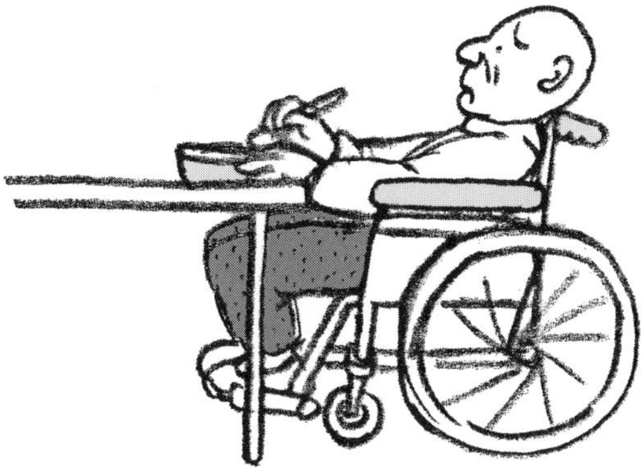

②円背で顔だけ上を向いてのどが伸びている

2　なぜ、危ないの？

ずっこけ座り、上半身が反返っている。アゴがあがっている、マヒ側に傾いている。このような姿勢は誤えん、窒息事故を起こしやすくなり危険です。

①アゴがあがり喉が伸びた姿勢は救急法の気道確保の姿勢と同じ

つまり、ものが気管に入りやすくなります。また、前頚部の筋肉が緊張してえん下反射が起こりにくくなります。

②足に体重をかけないそっくり返った姿勢は覚醒レベルが低下する

寝ぼけた状態では、人が本来もっている食べる機能や能力は活かせません。むせは異物を排除するための防御反応。寝ぼけた状態ではむせも出にくく大変危険です。

3　では、どのような姿勢がいいの？

ふだん私たちが食事をする時に自然にとる姿勢をよく見て、その姿勢を援助をしましょう。

①この姿勢の意味

- ●食物がよく見える。
- ●食物を口へ運びやすくなる（手が自由に使える）。
- ●足が床に着いた前かがみ姿勢をとるとしっかり目が覚めて覚醒レベルが上がり、食べようという気になる。
- ●呼吸がリズムよくらくにできる。
- ●飲み込みやすくなる＝食物が気管に入りにくくなる。
- ●疲れない。

②食べやすく安全な姿勢への配慮と工夫

（1）身体に合った椅子に座ってもらうことが大原則ですが、それが難しく、どうしても車いすのままでという場合は前述のよい姿勢への工夫を参考にする

身体に合った椅子の高さ（目安）は

＊参考：　下腿長－１センチ（ふだん使っている履き物をはいた状態で）

（2）体格や椅子の高さに合ったテーブルを準備する

食事などの生活行為や活動にふさわしいテーブルの高さは

＊参考：テーブルの高さは　（座高÷３－１センチ）＋座面の高さ

（3）食後もしばらくは座位で過ごしてもらうこと。経管栄養の場合も同じ

（4）表情から読みとるのが一番

安定しているか、安心しているか、おいしそうに食べているか、表情をよく見ましょう。

2　介助をする場合

1　これは危ない！

①ベッドでの食事介助　　　②介助者が立ったまま上からの介助

2　なぜ、危ないの？—誤えんをまねく！！

（1）基本的に姿勢が食事に適してない --------------- ベッド上の食事が一番危険！

（2）介助者が立った位置から、つまり上から食べ物を運ぶことになるので口を開けようとすると自然にアゴがあがる

（3）上を向いた姿勢では唇が閉じにくく、えん下しにくい

（4）介助者が食事介助に専念するとペースが早くなる

えん下の瞬間は呼吸をしていないので次々に口にものを入れられると呼吸のタイミングがずれてむせやすくなる。まだ、口の中にものが残っているのに口を開けるとものを吸い込んでしまう。

3　では、どう介助すればいいの？

介助をするなら（自分で食べるための工夫をしたうえで）

①食事に適した基本姿勢をとってもらう

- 身体の前屈が著しい場合には背もたれにもたれる姿勢をとってもらうこともあるが、その場合でも必ずアゴを引くこと。
- 頚部が安定しない場合は、ヘッドレストを工夫する。

②目がしっかり覚めているか確認する

- 利用者がウツラウツラ、ボーッとしている状態で介助を始めない。
- 食事前の手洗いや口ゆすぎを援助する。お茶を飲んだり、おしゃべりも大切。

③介助者も座る

- 介助者の位置は正面よりもやや側面をすすめたい。
- 介助者が座る椅子は利用者が座る椅子より低いものを使う。高さ35センチ前後の丸椅子（102頁参照）を準備しておくと、移乗介助にも使えるし、ふだんはスタッキングして片づけておくことができて便利。

④介助者も一緒に食べる

- ペースがゆっくりになる。
- 誤えんの発見が早くできる。
- 連れ食いと会話の効果で食が進む。

⑤水分を十分とってもらう

- 特に食事前、食後。

⑥介助者は、他の利用者に背中を向けない位置に座る

実際には、介助に専念できるほどの人手がない場合が多いので、その場合は他の利用者の見守りや早期に異変を発見する必要があるため。

3　その他の配慮と工夫

①食物の形態や調理方法への工夫

（1）基本的にはひと口大の大きさ、十分なやわらかさとなめらかさ、適度な湿り気、適温であること。口に取り込みやすい、そしゃくしやすい、まとまりやすい、咽頭に移送しやすい、飲み込みやすいことが大切。

（2）カミカミ（そしゃく）が難しい時は、きざむ。モグモグ（食塊形状）が難しい時は、トロミをつけたりアンかけにする。ゴックン（えん下）が難しい時は、ゼリー状、ペースト状にするなど工夫します。

（3）ただし好物は問題なく食べられることが多いので、すべてがペースト状などということがないようにしましょう。

②食器や自助具（スプーンやコップ）

- ●口へ運びやすく、捕食しやすいスプーンなどを選ぶ。
- ●こぼれるという理由でエプロンをつける前に、姿勢と用具の見直しをする。

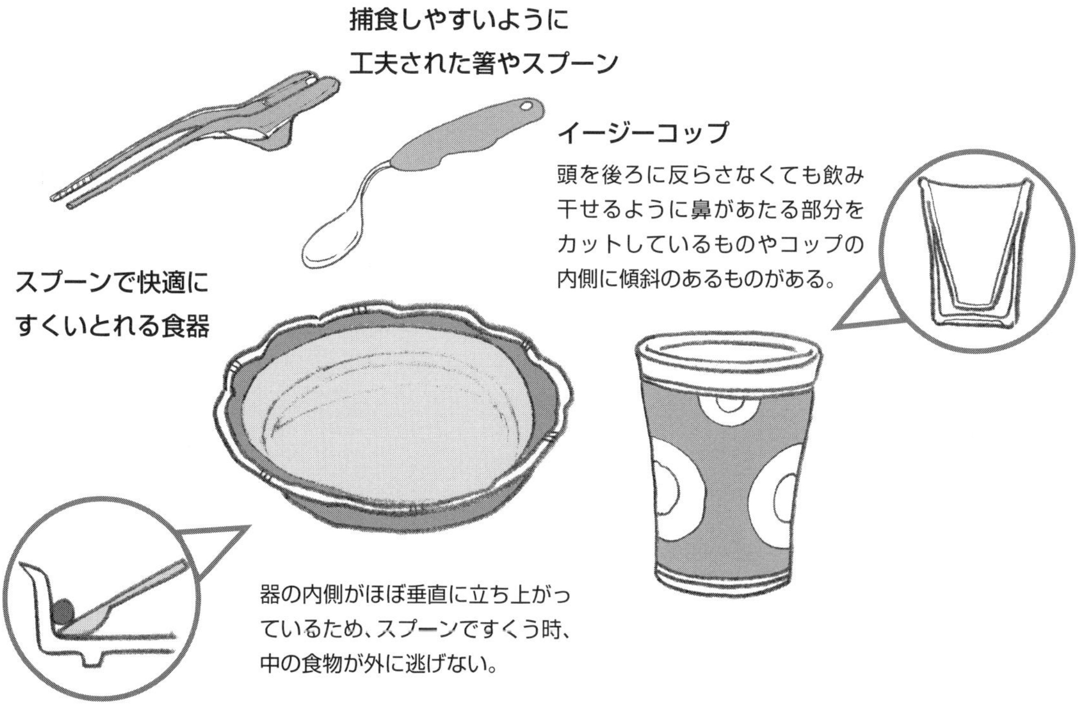

③楽しく食べる

「おいしそう」「食べたい」と感じて、はじめて本来もっている食べるための機能や能力は発揮されます。

●見た目は大切（色、形、匂い、盛りつけ、温度など）

●会食が大事

●食事に集中できる雰囲気

●あわてて食べたりかくれ食いは危険

④口腔ケアと健口体操（えん下体操）

●清潔を保つ

●機能の維持改善

●気持ちよさ快感による意欲向上

●スキンシップとコミュニケーション

●疾病の予防（虫歯、歯周病、肺炎）

＊肺炎も事故です

⑤ふだんの体調を整える

いつもは普通食で問題がない人でも風邪気味の時など体調の悪い時は注意が必要です。

⑥お年寄りの摂食の障害（拒食過食、つめ込み食い）の多くは人間関係の狭さと乏しさが原因と考えてみる

ただ「ゆっくり食べて」の声かけでは解決にはなりません。食事場面以外の関わりが重要。生活全体の自立度や満足度が向上し、人間関係が豊かになるように関わり方を工夫しましょう。

⑦食事が自立している人でも、えん下能力に問題のない人でも、誤えん事故が起きる可能性はある。

万一の場合に備えて、早期発見と誤えんを発見した時の対処法を身につけておきましょう。

排泄

転倒、転落事故を防いで安心して気持ちよく排泄するために

1　移乗動作を安全に

①ベッドサイドでポータブルトイレを使う場合

【基本】

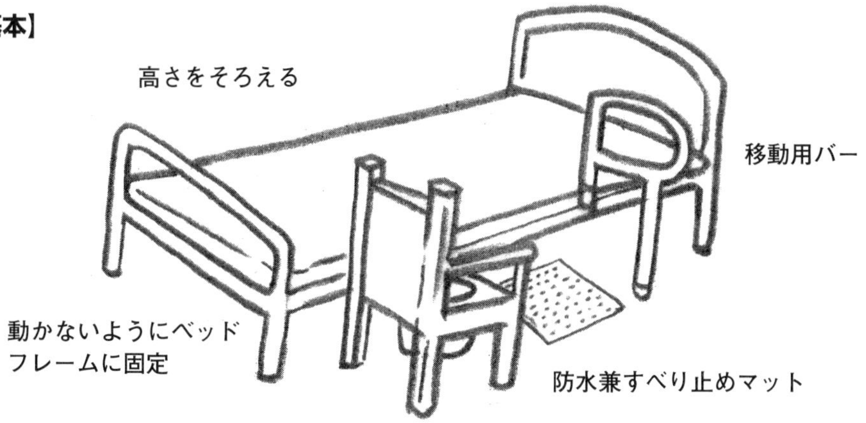

＊移乗方法、介助法は 98 頁参照

【応用】

●全介助を必要とする人の場合はハイローベッドを使用し、移っていくもののほうがやや低くなるように高さを変えて使用します（ベッド→ポータブルトイレの場合はポータブルトイレが低くなるように）。

●ベッドで臥床中に下着をおろし、端座位を経て、ポータブルトイレへ移乗介助します。ただし、下半身がむき出しにならないよう配慮しましょう。

こどもがプールで着替えする時に使うタオル地の腰巻のようなものを巻くと便利です。

②ポータブルトイレの選び方

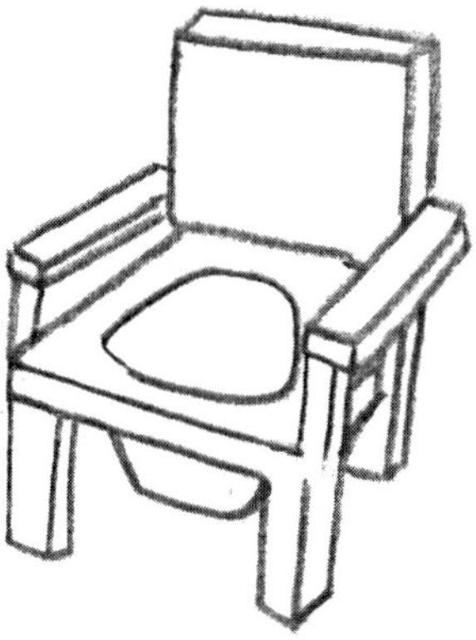

●ある程度の重さがあって安定のよいもの。安定のよいものは移動させる時に重いので、最近のものでは斜めに傾けるとキャスター機能が利用できるものがある。
●高さを変えられるもの。
●蹴り込みのあるもの（前面だけでなく側面にもあるとよい、介助者の足場を確保するため）。
●肘かけが可動するもの（アームフリー）。
●丸洗いできるもの。
●便座の穴の大きさが調節できればなおよい。

（1）こんなポータブルトイレは危ないよ！

軽い、座面が低い、蹴り込みがない、身体を支えるものがないポータブルトイレは危険です。

※夜間１人で使用する場合は、ポータブルトイレの位置がはっきりわかるように自動点灯する照明を設置する、また家具調トイレは色合いがまわりにとけこんで夜間は見分けにくくなるので、ポータブルトイレのフレームに蛍光テープをつけるなどの配慮が必要です。

③トイレを使用し車いすから便座への移乗介助が必要な場合

＊移乗方法は 98 頁参照

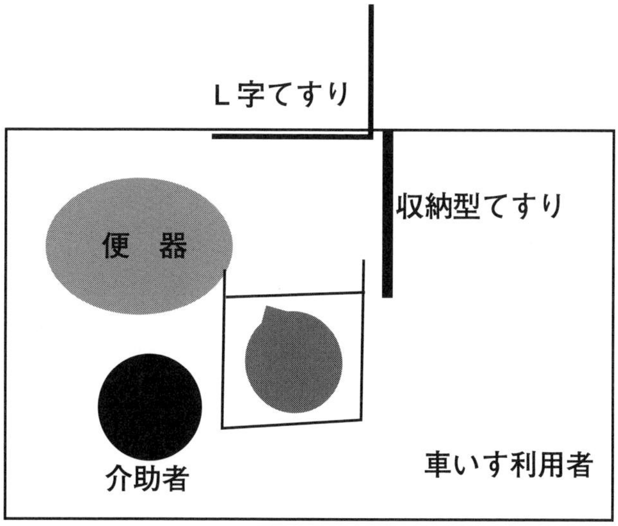

●便座に移った後の車いすはたたんだり、離れたところに置いたりしない。
●利用者が自分で動くことを想定して基本の位置にブレーキをかけておいておくこと。
●座位姿勢の安定を確認すること。

④１人では難しいのに１人で移乗しようとする場合

「必ず呼んでください」とお願いしても、呼んでもらえるとは限りません。(呼ばれなくても）動き始めたことがわかれば見守りにも介助にも行けます。

人が動くと自動点灯する照明、音が鳴る装置、便座のふたを開けるとベルが鳴る装置など工夫してください。

2　排泄中の姿勢

①これは危ない！

足が床に着いていない

そっくり返っている

身体が傾いている

②なぜ？

ずり落ちたり、傾いて倒れたり、壁に頭を打撲したりしてしまいます。

③では、安定した排泄姿勢をとるにはどうすればいいの？

これが基本姿勢！

- 頭がお尻より少し前。
- 足の裏全体がしっかり床に着いている。
- 手は身体の前に置く。

（1）足が床につかない場合は足台を使う！（便器そのものの高さ調節ができない場合）

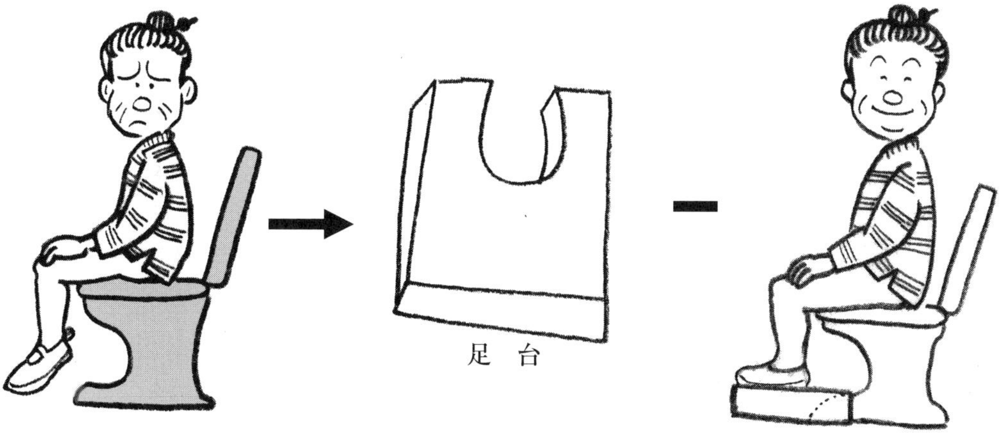

（2）そっくり返っている時は、まず座り直し

▲健側（利き手側）、身体の前の手すりをもってもらう

（3）身体が傾いている時は、まず座り直し

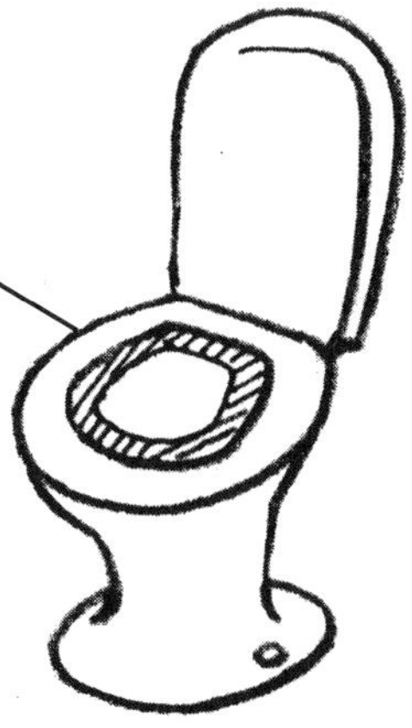

便座の穴が大きくて安定しない場合は、補助便座を利用して穴を小さくし、落ち込みや傾きを防ぐ。

【応用】もっと安全！安心！

ファンレストテーブル（排泄時の前傾姿勢支持テーブル）

安定した姿勢を保持し、リラックスして排泄するための台です。

（1）安全で排泄しやすい姿勢を保持するための手すりの位置は？

基本的な手すりの位置

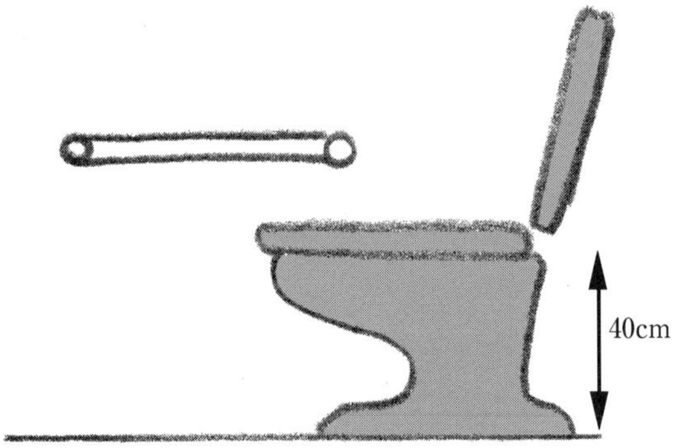

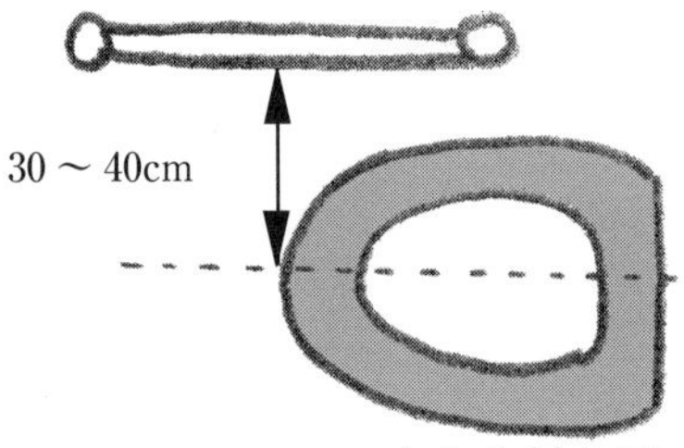

上から見た図

（2）こんな手すりはあまり役に立たない

こんなに近くて高いと、手すりにつかまっていても身体が傾いてしまいます。

＊トイレットペーパーの位置、水洗レバーの位置は、安定した姿勢のまま届く範囲に。また、使いやすい形、機種に配慮する。

入浴

転倒、溺水事故を防いで、安全に安心して気持ちよく入浴するために

1 入浴介護の手順書やルールを明記したものを作ってください

①基本的な事柄は介助者全員で共有し、徹底する

たとえば、

- ●浴室と脱衣室の温度差は極力少なくすること。
- ●かけ湯、シャワー、浴槽内の湯の温度は必ず介助者の手で確かめ、さらに利用者自身に確認してもらうこと。
- ●身体や床にせっけんのぬめりが残らないように、よく流すこと。
- ●入浴後、浴室から脱衣室へ移る時は、身体の水滴をよく拭くこと。
- ●入浴後は一度に服を着ないで、体温が通常に戻ってからもう一枚着てもらうこと。
- ●脱水症、脳卒中の予防のために入浴前後に十分な水分を補ってもらうこと。

など。

②手順を確認し、準備を怠らないでください

たとえば、

- ●利用者の身体を洗おうとしたところ、石けんがないのに気づいた。
- ●石けんを取るために2メートルほど離れたところまで行き、ふり向いたところ、利用者がシャワーチェアから転落していた。

などということがないように、準備はきちんとしてください。

2　利用者をよく知ることが安全への第一歩

- ●病気や障害の内容、特性、注意点をよく知る。
- ●入浴場面以外の ADL の状況を把握している。
- ●利用者の今日、現在の体調がわかっている。

3　浴室での事故の特徴はすべると浮く

すべらない工夫、浮かない工夫をすることが浴室での事故予防のポイントです。

4　安全安心のために必要な道具

すべり止めマット…浴室の床、浴槽内の底

手すり…脱衣室・着脱衣の時の立ったり座ったりを支える手すり

浴室・歩行のための手すり・浴槽への出入りのための手すり・浴槽内で身体を安定させるための手すり

シャワーチェアー（座面が平らで安定のよいもの）

入浴台（浴槽への出入りを腰かけて行うための台）…50 × 60 センチぐらいの安定がよく大きめのもの

5　脱衣室←→浴室や浴室内での移動方法

①これは危ない!!

手引き歩行で浴室内を移動する

②なぜ、危ないの？

床はぬれてすべりやすいうえに介助者が後ろ向き。介助者が足をすべらせると一緒に転倒てしまう危険があります。裸体での転倒は大事故につながります。

③より安全な方法

ふだん歩行が可能な人でも、ぬれている、裸体という悪条件が重なった場面では安全性を最優先させること。特に、片マヒの人で装具を外した時は、必ず車いすまたはシャワーキャリーなどで移動することを基本にしてください。

6　浴槽への出入り

①これは危ない！

ふだん車いすを使っている人を歩かせて浴槽の出入りをさせる。

なんとか歩けるといっても浴室では無理は禁物です。歩行練習は安全な場所で行いましょう。

②これも危ない！

家庭用の浴槽、一人浴槽（個浴）などから出る時、介助者が引っぱりあげる。

③なぜ、危ないの？

上半身が後方へ引っぱりあげられ、そり返った姿勢になればなるほど足がすべって立ちにくくなる。さらに手がふちから離れて、身体を支えられなくなるので介助者の負担が大きくなります。共倒れによる溺水事故の危険もあります。

④より安全な方法

一人浴槽（個浴）を使用した場合の出入りの方法——基本の設備図

【基本の設計】

右マヒ（健側・利き手が左手）の場合

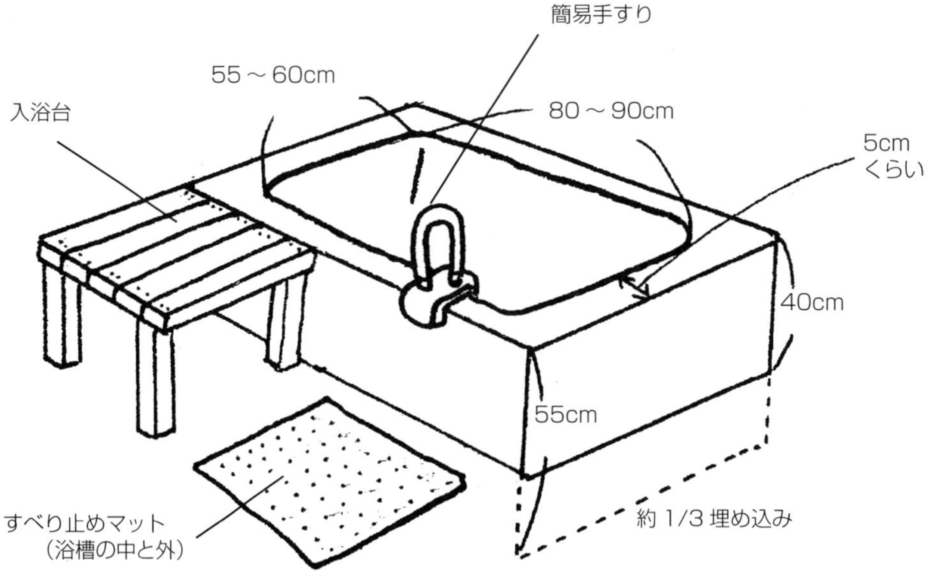

人が立つ時の条件は、十分に足を引き前かがみになること。そのために手すりとすべり止めは必需品です。

【移乗動作の基本形】

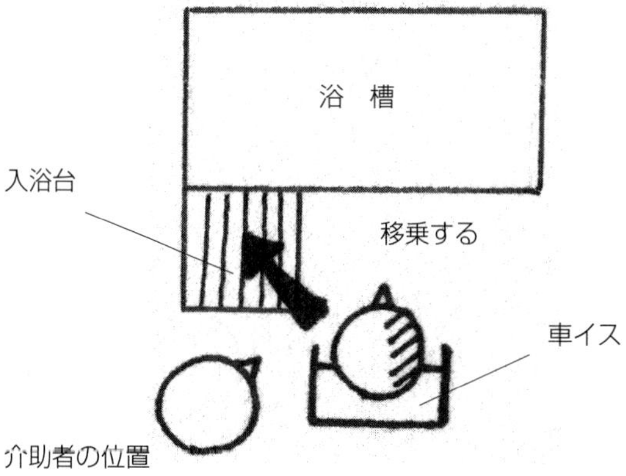

●ふだん、歩行が可能な人でも立位が安定している人でも浴槽の出入りは“座って”を基本にしてください。また着脱衣の際も座ってが基本です。

●もし、歩行が可能な人で浴槽をまたいで出入りする場合は、下図のように台に手をついて、後方へ足をけり上げるような方法が安全です。

●浴槽に入る、浴槽から出る場合も十分な前かがみの姿勢を援助することが重要です。

●まったく立つことのできない人を介助する場合でも、抱え上げて空中を移動させるような方法はとらないでください。一部介助の方法を２人で介助するのが基本です。

（1）座った姿勢から浴槽へ

右マヒ（健側・利き手が左手）の場合

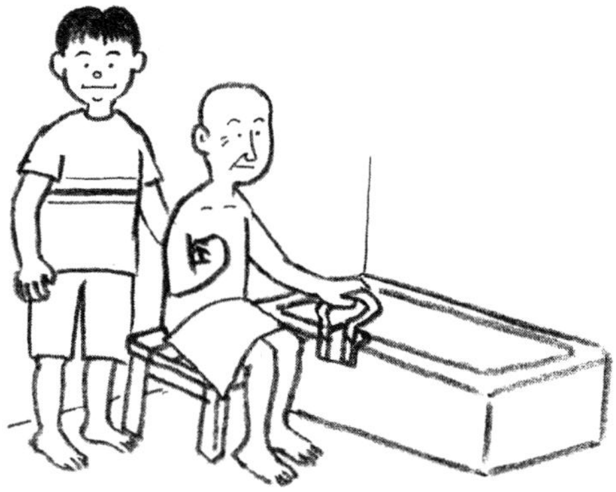

①浴槽脇の台に座り、手すりをもって身体を支える。

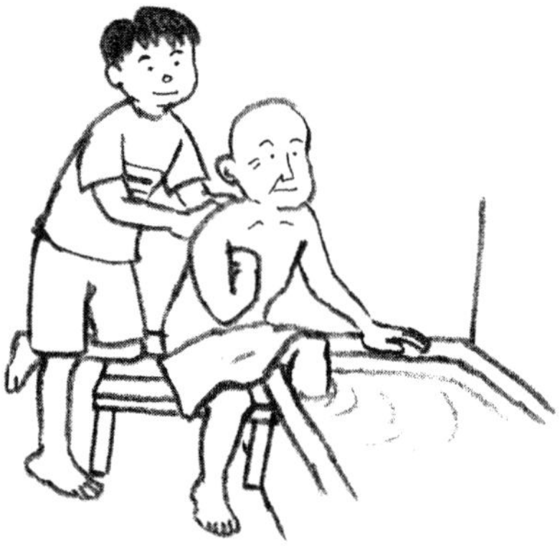

②手すりから手を離して、身体の横につく。またはふちをつかむ。介助者は手すりを外す。利用者は動く方の足は自分で浴槽に入れる。介助者が背中を手で支えると安心です。

③介助者はマヒしている方の足をもって、ゆっくり浴槽に入れる。この時、身体がそるので、片手で肩を支える。

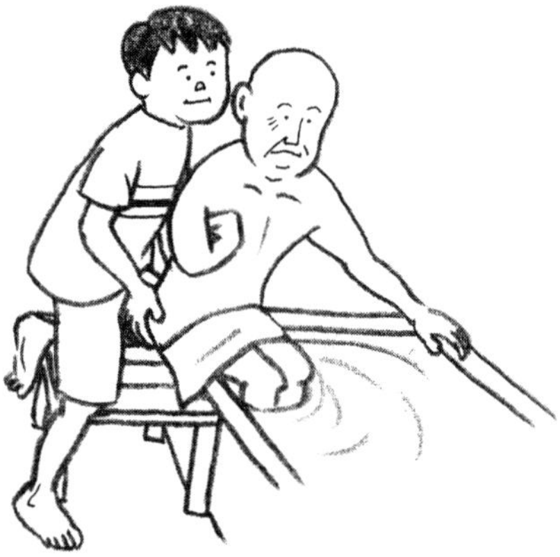

④両足が入ったら手の位置を身体の前のほうに移しながら、浮力を利用してゆっくりと身体を沈める。介助者はお尻を両手でもって支え、利用者が前かがみでしゃがむのを援助する。

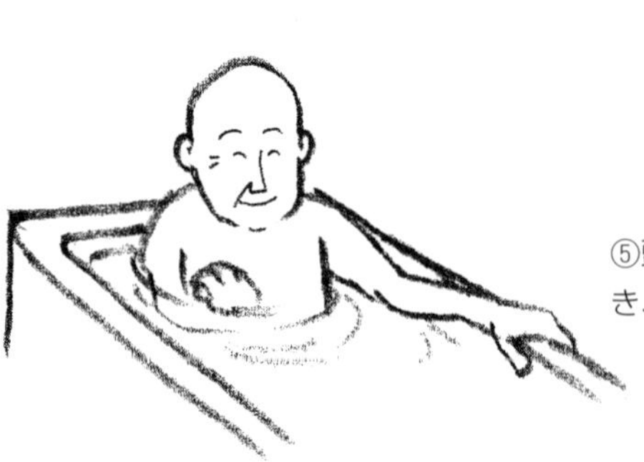

⑤頭が後ろにそり返らないように、手を前につき、ひざを伸ばす。

（2）浴槽から出る

①お尻を浴槽の壁につけ、十分に足をひいて膝を立て、できれば左手（利き手）はなるべく前のほうをつかむ。マヒ側の膝は介助者が曲げる援助をする。その時介助者は入浴台の上で片膝立ちになる。

②「立ちましょう」と声をかけて、本人が立とうとした時に軽く後押しするように背中を押すと、お尻が浮いてくる。

③浮いてきたお尻を支え、台の方向に誘導し、お尻を入浴台にのせる。

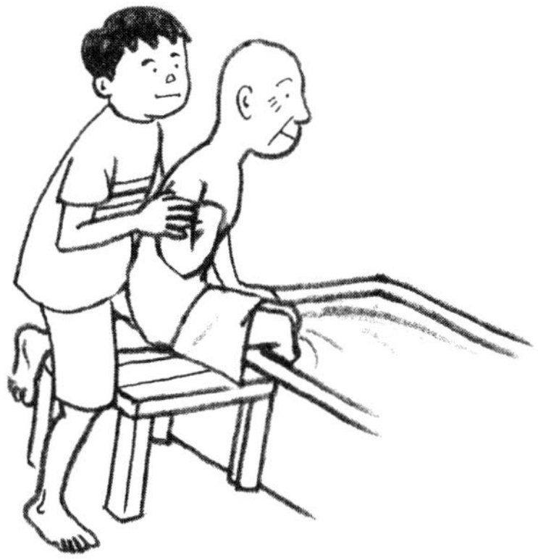

④手を身体の近くにおき直して、足を引き、深く腰かけ直す。

⑤マヒしている足を浴槽から出す。

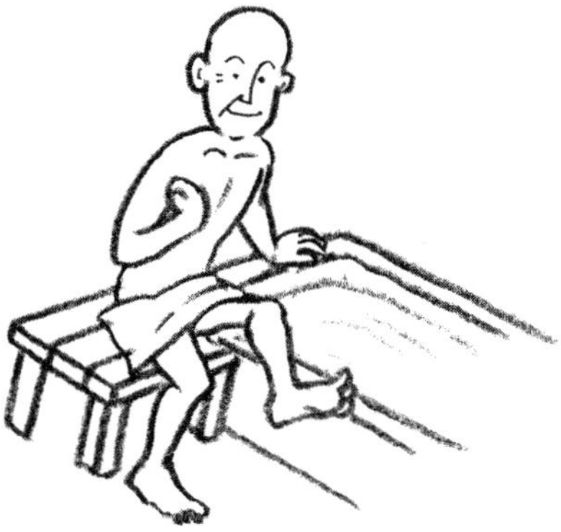

⑥マヒしていない足を自分で引き出す。

7　浴槽内での姿勢

①これは危ない！

●背もたれ部分が斜めになっている浴槽

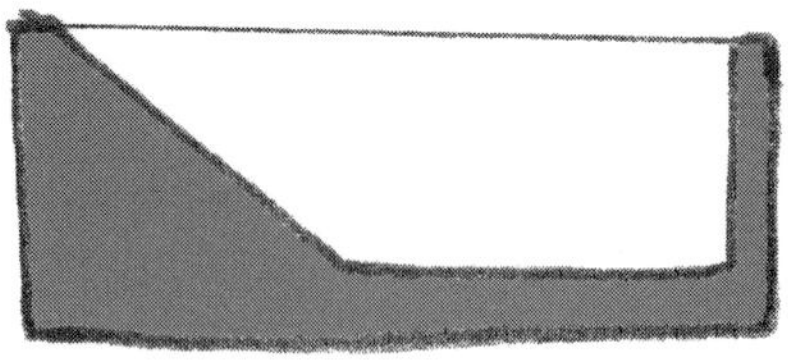

●足がブロックできない広い浴槽は危険！

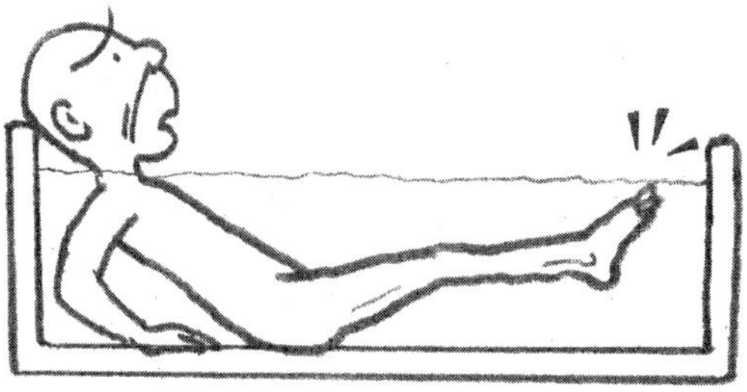

溺水事故！！！

②なぜ、危ないの？

　湯の中では浮力のため身体が浮きやすくなります。そのため、頭が沈み、お尻が前にずれると溺れてしまうことになります。

③基本の座位姿勢

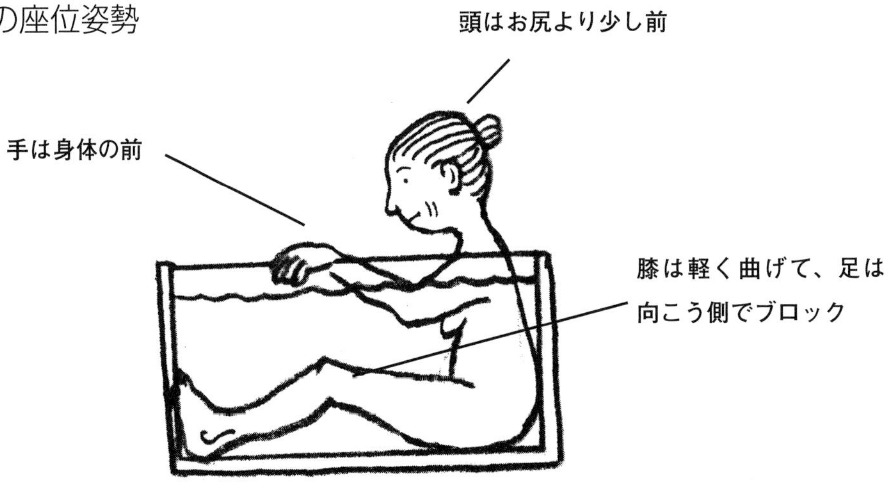

④安定した姿勢のための工夫

●身体が安定しない場合

浴槽台に腰かけて足が
降りている状態にする

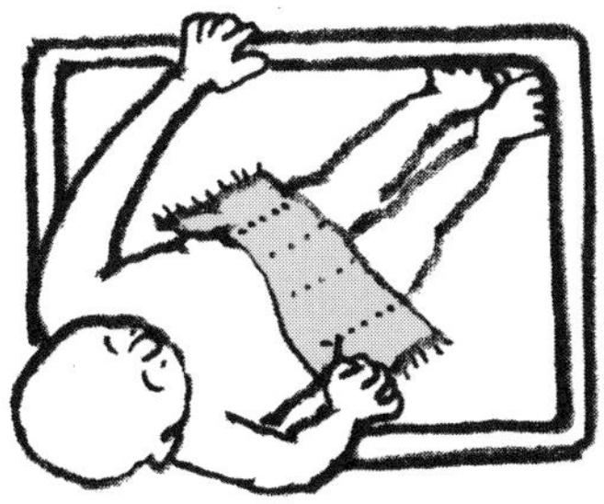

浴槽のコーナーを利用する

●浴槽が広い場合

吸盤つきの浴槽台を使っ
て浴槽の長さを調整する

大きなポリバケツやコンテナに
つけもの石のような重りや湯を
入れて足ブロックにする

※目を離さずにいるから大丈夫と思わないで、目を離しても大丈夫な条件を整えましょう‼

8　髪や身体を洗ったりする時の姿勢もやや前かがみの姿勢が基本です

背もたれにそっくり返った姿勢はぬれている場合は、お尻が前にすべり落ちる危険があります。前かがみで左右のバランスのとれた姿勢が保てるよう、手すりを準備し、つかまってもらいましょう。また、座る台や椅子は安定がよく、座面は平らなものを選んでください。背もたれ付きのシャワーチェアやシャワーキャリーを使う場合でも、完全にもたれかかると、椅子ごとひっくり返る可能性があるので注意しましょう。

9　身体の仕組みに合った介助動作が基本

すべて動作を介助する時は、人の自然な動きをよく知ってその動きにそって介助すること。無理な動きは怖いだけではなく危険です。また介助者にも負担がかかり、その積み重ねが事故の原因になります。

山田　滋 (やまだ しげる)

（株）安全な介護 代表

早稲田大学法学部卒業と同時に現あいおいニッセイ同和損害保険株式会社入社。2000 年 4 月より介護・福祉施設の経営企画・リスクマネジメント企画立案に携わる。2014 年 6 月、株式会社安全な介護設立。

老人福祉施設や訪問介護事業者と一緒に取り組み、現場で積み上げた実践に基づくリスクマネジメントの方法論は、「わかりやすく実践的」と好評。各種団体や施設の要請により年間 150 回のセミナーをこなす。

著書に「生活から学ぶ　認知症のひとの安全な介護」（ブリコラージュ）「現場から生まれた介護福祉施設の災害対策ハンドブック」（中央法規出版）「介護の現場きけんまるわかり（QOL サービス）」「介護リスクマネジメント」（講談社）など。

http://www.anzen-kaigo.com

下山　名月（しもやま　なつき）

生活とリハビリ研究所 研究員

民間デイサービスの草分けである「生活リハビリクラブ（神奈川県川崎市）」の創始者。オールラウンドワーカーと名乗っての老いを支えるケアは、各界から注目を浴びている。特に「入浴介護」の講義と実技指導は評価が高く、人間学に基づく精度の高い理論と方法は「介護シーン」を大きく変えている。普通に食事、普通に排泄、普通に入浴と、“当たり前の生活”を支える「自立支援の介護」を提唱している。

現在は、全国の高齢者 (福祉) 施設にて実地指導や講演、各種介護研修会の講師を務める。また、各地の機能訓練事業、介護予防事業にも関わるなど、日本中を忙しく飛び回っている。

著書に「遊びリテーション学（共著）」（雲母書房）、「入浴介護実践集（共著）」（ブリコラージュ）、ビデオに「下山名月の入浴介助／座ることができれば普通のお風呂で」（筒井書房）、DVD ブックに「お風呂が生活を変えていく（共著）」「新しい排泄介護の技術（共著）」（中央法規出版）などがある。

“いい介護”があってこそのリスクマネジメント

安全な介護☆実技講座 開催のご案内

現場目線で分かりやすい講義

丁寧かつ精度の高い実技

安心の少人数制

本書をご覧の読者様へ

第2部の著者・下山名月が「安全で安心な介護技術」を実際にお教えする介護セミナーを全国各地で開催しています!!

“いい介護”が実践できている施設は、もともと事故が少ない!!

なぜなら、利用者の意欲や主体性を尊重した介護と個別のアセスメントが日頃からしっかりできているからです。利用者にとっても介護職員にとっても「安全で安心な介護技術」は、事故防止に直結しています。だからこそ、まずは介護技術の基本をしっかり身につけてほしいのです。

少人数制で、“より丁寧に、より精度の高いセミナー”を実現!!

さらに、すぐに現場で活かせるよう、参加者の皆さんの疑問質問にも丁寧にお応えしています。こんなセミナーは「安全な介護☆実技講座」だけ!!

介護の基本となる考え方や技術を学び、確実に実践できるようステップアップすれば、片マヒ・四肢マヒ・拘縮等、より介助量が多い方に対しても、安全に援助できるようになります。

安全な介護☆実技講座 プログラム		
ステップ1 基本篇	2日間 徹底実習	持ち上げない、吊り上げない、宙を飛ばさない まずは介護の基本の“き”から。生理学的にも運動学的にも理にかなった介助法の基本を実習します。
ステップ2 応用篇	2日間 徹底実習	人は“もの”ではない。“動かす”ではなく“動く”を援助する 片マヒのある方への介助法を実習します。健側は積極的に使ってもらう介助法で、安全性と自立度アップ。
ステップ3 実用篇	2日間 徹底実習	見極める、活用する、工夫する…これぞ介護のプロ 四肢マヒ・拘縮等、より介助量が多い方への介助法を実習します。どんな状況でも、吊り上げない介助法を伝授。
ステップ4 入浴篇	2日間 徹底実習	機械浴で“入れる”ではなく、個浴で“入る”を援助する 座り直しと移乗の介助技術を習得すれば、座位を基本にした個浴での入浴介助も、必ず実践できます。

講師／下山《しもやま》 名月《なつき》

生活とリハビリ研究所 研究員
介助技術指導のスペシャリスト

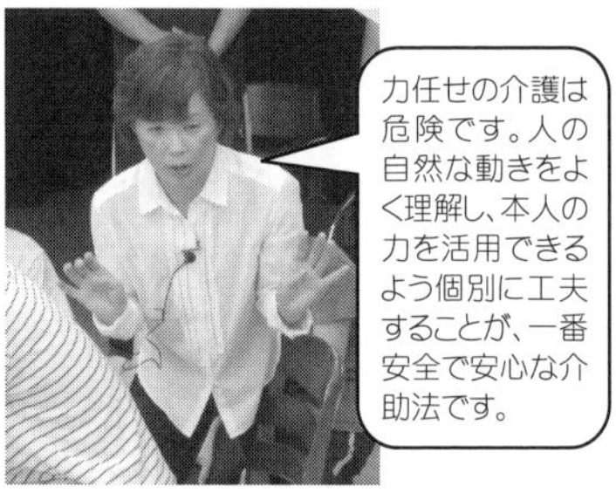

▲講師の下山名月は、身長が146cm弱と小柄。そのため「介助は力の量ではなく、使う方向とタイミングですよ…体重移動を援助するのですよ」と説く実技には説得力があり、「分かりやすい」と評判。

★人の自然な動きを無視して、人を“もの”のように力任せに動かす介護をしているから、事故が後を絶たないのです!!

当セミナーでお伝えしている「介護の基本方針」

- 力任せに持ち上げたり吊り上げたりしない
- 介護する側の都合で勝手に動かさない
- 痛い思いや怖い思い、情けない思いをさせない
- 本人の意欲や主体性を奪わない

当セミナーでお教えしている「介護の基本技術」

- その人に適した環境・道具の整え方、工夫の仕方
- 人の自然な動きをよく理解し、ご利用者が自分自身の力とタイミングで動けるように援助する介助法
- どんな人に対しても、吊り上げず力に頼らない介助法

結果として

いい介護を積み重ねた結果として、次のような効果が出てきます

- 事故防止・低減
- 介護職の腰痛予防
- 認知症の進行予防
- ADL低下の予防
- 廃用症候群による重度化予防
- 変形・拘縮の予防
- ご利用者の意欲・主体性・自信・表情の回復

etc.

詳しくは ブリコラージュ編集部までお問い合わせください

受講料／2日間14,000円　研修時間／2日間とも10:00～16:30(昼食休憩60分含む)　定員／30名(基本篇のみ最大50名)
主な開催地／北海道、埼玉県、神奈川県、静岡県、岐阜県、大阪府、京都府、兵庫県、広島県、他 (定期開催しています)

FAX 03-5986-1776 (24時間受付)
TEL 03-5986-1777 (月～金、10:00～19:00)
メール brico@nanasha.co.jp

割引特典あります!!
①ブリコラージュ読者⇒会員No.申告で、1,000円割引
②学生(年齢不問)⇒学生証提示で、1,000割引
③各セミナーを再受講される場合⇒通常料金の半額

開催日程・会場はブログで⇒ 安全な介護☆事務局通信 検索

主催／Bricolage〈受付〉 東京都豊島区西池袋5丁目26-15
シモヤマ企画デザイン〈企画・運営〉 運営事務局(直通)⇒TEL&FAX/042-784-5420
後援／生活とリハビリ研究所

株式会社安全な介護

介護リスクマネジメントの実践者があなたを強力にバックアップ

リスクマネジメント 情報室

―会員募集中―

事故やトラブルで困った時、いつでも山田滋に直接相談できる

毎月動画やニュースが配信されるから会議や研修で活用できる

マニュアル・ツール・ニュースがいつでもダウンロードできる

個別相談サービス

事故やトラブルで困ったとき、メールで相談し山田滋から直接アドバイスを受けられます。相談回数に制限はありません。

ニュース配信サービス

毎月３種類のニュースをメールで配信します。

・安全な介護にゅーす

・相談員のためのトラブル対策ニュース

・事例から学ぶ動画ニュース

マニュアル＆ツール提供サービス

介護現場で作った50件以上のマニュアルやツールをいつでもダウンロードできます。

実践的だからそのまま活用できます。

ニュース＆レポート提供サービス

400件以上のニュース・コラムが活用できる

・事故防止活動ニュース・事故対応ニュース

・クレーム対応ニュース・リスクマネジメントレポート

・リスクマネジメントコラム

●サービス開始

令和3年6月1日よりサービスを開始します

●ご加入方法

別紙申込書をFAX・メールで、またはホームページからお申し込みください

Mail：rm_soudan@nanasha.co.jp

●年会費

22,000円（税込）

●お問い合わせ

安全な介護　担当　澤田

TEL　03-5995-2275

●ホームページからのお申込み

www.anzen-kaigo.com/index35.html

配信されるニュースも魅力たっぷり！

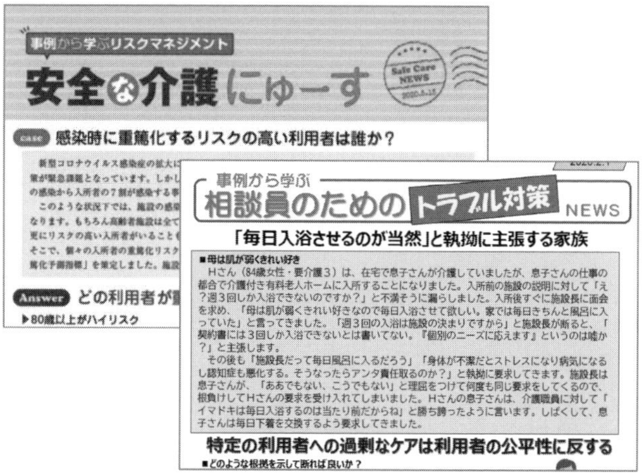

安全な介護行FAX：03-5986-1776

介護リスクマネジメント情報室入会申込書

法人名（施設事業所名）	（施設・事業種別　　　　　　）	
ご氏名（担当者名）		
住所（所在地）	〒	
TEL/FAX	TEL	FAX
E mail		

◆安全な介護をテーマにセミナーを開催しています。
詳細は以下にお問い合わせください。

シモヤマ企画デザイン（安全な介護 企画運営事務局）
TEL&FAX ／ 050-1430-5420（IP 電話）
E-mail ／ anzennakaigo@ybb.ne.jp

〈ブログで情報発信中 !!〉
安全な介護☆事務局通信⇒　http://blog.livedoor.jp/anzennakaigo_net/

新版 **安全な介護**
ポジティブ・リスクマネジメント

発行日　2019 年 11 月 20 日　初版第一刷
　　　　2023 年　6 月 15 日　初版第三刷

著　者　山田　滋　　下山　名月
発　行　ブリコラージュ
　　　　〒171-0021　東京都豊島区西池袋 5-26-15 久保田ビル 2F　七七舎
　　　　TEL 03-5986-1777　FAX 03-5986-1776
　　　　http://www.nanasha.net/
発　売　全国コミュニティライフサポートセンター
　　　　〒981-0932　宮城県仙台市青葉区木町 16-30　シンエイ木町ビル 1 F
　　　　TEL 022-727-8730　FAX 022-727-8737
　　　　http://www.clc-japan.com/

装丁　石原　雅彦　　印刷　モリモト印刷株式会社
ISBN978-4-907946-16-6